119 치유 레크리에이션

119 CURE RECREATION

치유 레크리에이션

김순자 · 이정화 · 김소희 · 김순례 · 방명숙 · 이영숙 · 이상진 · 한면화 공저

동 문 사

인사말

오늘날 사회는 눈으로 확인하고 만져 볼 수 없는 4차 산업 시대로 아주 빠르게 변하고 있다. 그러나 사람들은 걱정, 불안, 우울, 짜증 등의 심리적 스트레스를 받고 있으며, 그것은 더욱 가중되고 있는 현실이다. 즉, 심리적 불안정으로 인하여 가정이나 직장에서 적절한 인간관계를 형성하지 못하거나, 심리적·정신적 장애가 신체적 증상으로까지 이어지는 악순환이 커지고 있다.

현재 이러한 심리적 문제를 치유하기 위한 대안으로 심리치유상담을 받거나, 마음챙김, 명상치유, 마인드컨트롤, 단전호흡, 요가 등의 다양한 기법 등을 활용하기도 한다. 이 방법과 기술은 한계점을 가지고 있다. 왜냐하면 심신일여(心身一如), 즉 마음과 몸은 서로 하나이기 때문이다.

신체동작을 하면 마음이 즐거워지고, 깔깔대고 웃거나, 큰 목소리로 좋아하는 노래를 부르거나 행복한 얼굴표정 연습만으로도 기분이 좋아져서 심신치유를 할 수 있다. 레크리에이션을 강의 시작 전이나 중간에 활용한다면 강의도 지루하지 않고 재미있는 강의를 할 수 있다.

저자들은 자신들만의 노하우와 그전의 자료들을 연구·분석하여 강의 시 꼭 필요한 내용들을 중심으로 119 치유 레크리에이션을 출간하게 되었다. 책의 구성내용을 살펴보면 레크리에이션 이론, 스팟 & 아이스브레이킹, 팀빌딩, 게임, 박수놀이, 노래율동, 퀴즈 & 유머, 명언 & 격언, 고사성어로 구성되었다.

이 책은 누구나 쉽고 재미있게 활용할 수 있도록 하였습니다. 저자들에게 이 자리를 통해 다시 한 번 감사의 인사를 전합니다. 119 치유 레크리에이션을 통하여 모든 삶의 영역에서 활력이 넘치고, 배려하고 평안한 사회가 되길 소망하는 마음이며, 많은 사람들이 행복하고 즐거운 생활을 하길 기대합니다.

2019년 10월

저자 대표

사단법인 진로상담협회 이사장 김순자

목차/Contents

Chapter 02

레크리에이션 실제

01
Chapter

레크리에이션 이론

1. 여가 및 레크리에이션 개념

여가는 보는 시각에 따라 다양하게 개념화되고 정의되어 왔다. 여가의 어원은 그리스의 스콜레(scole), 라틴의 스콜라(scola), 프랑스의 르와즈(loisir) 등의 용어에 그 어원이 있다.

그리스의 스콜레는 학교, 학자 등을 의미하는 말로서 학습이 열리는 장소, 학자들이 토론을 위한 장소를 뜻한다. 프랑스의 르와즈는 허용하다. 자유로워지다 또는 예술, 철학, 학문, 스포츠 문화 등의 문화적 창조의 적극적인 활동 등을 내포하고 있다. 즉, 여가란 강제성이 없는 자발적이고 새로운 것을 학습하고 교육적인 의미가 내포되어 있는 총체적 활동이라 말할 수 있다.

여가의 사전적 의미를 살펴보면 일 혹은 의무에서 벗어나는 시간, 즐기거나 쉴 수 있는 시간, 심신의 자유 등을 말한다.

지적 활동	독서, 창작, 강연회, 연구, 수집, 조사, 답사 등
사교 활동	예술, 문화, 음악, 영화, 연극, 무용, 장기자랑 등
사회 활동	대화, 동호회 모임, 놀이 등
신체 활동	스포츠, 여행, 율동, 신체적 오락 등
봉사 활동	자원봉사, 지역사회 활동 참여 등
휴식 활동	라디오, 텔레비전 시청, 영화감상, 운동경기관람

레크리에이션에는 두 가지의 뜻이 있다. 리크리에이션(recreation)과 레크리에이션(recreation)이다. 리크리에이션(recreation)은 '재창조, 개조, 새롭게 만든다'의 뜻이고, 레크리에이션(recreation)은 취미, 오락, 유희, 휴식, 기분전환의 뜻을 가지고 있다. 어떤 활동을 즐기고 행함으로써 창조적 결과를 가져올 수 있기 때문에 레크리에이션을 통해 리크리에이션이 되어 즐길 줄 알아야 한다.

Recreation의 본질은 다음과 같다.

R(Restoration)	능률적으로 일을 수행하기 위해 원기를 회복하거나 쉬는 활동이다.
E(Enjoyment)	즐거움이다.
C(Constructiveness)	건설적이다.
R(Results)	개인과 사회 전반에 긍정적인 영향을 미치는 결과
E(Experience)	자신을 즐기기 위한 경험이다.
A(Activity)	활동이다.
T(Time)	시간이다.
I(Intrinsic Motivation)	내적 동기이다.
O(Organization)	조직이다.
N(Nonwork Activity)	생계 수단 이외의 활동이다.

레크리에이션의 효과에는 피로회복을 통한 건강 효과, 신체적인 효과, 정신적인 효과, 사회적인 효과, 지적인 효과, 예술적인 효과 등을 기대할 수 있다.

2. 레크리에이션 지도력 계발

현대사회에 있어서 레크리에이션의 기능과 역할을 살펴보면 다음과 같다. 첫째, 21세기는 새로운 문화를 창조하는 시기이다. 여가선용을 위한 기능, 지식, 방법, 습관을 배워 여가를 자기 자신의 것으로 알고 이용, 개발하도록 여가에 대한 이해방법, 습관을 기르도록 해야 한다. 둘째, 레크리에이션은 자기를 실현하는 자기표현의 기회이다. 셋째, 여러 사람과 어울려 즐기는 인간관계 개선 및 소통의 창구이다. 모든 이해관계를 떠나 동등한 위치에서 참가하기 때문에 사회적 신분 등은 사라지고 기쁨과 즐거움만 가득찬 분위기를 형성할 수 있다. 또한 서로 협조하고 신뢰하는 분위기를 조성할 수 있다. 넷째, 스트레스 해소 및 심신의 건강과 체력 향상에 도움이 된다.

레크리에이션 조직과 프로그램을 성공적으로 이끌기 위해서는 지도자가 갖추어야 할 기본적인 자세와 행동양식이 필요하다. 레크리에이션 지도자가 갖추어야 할 자질에는 건강, 전문성, 밝은 표정과 적절한 복장, 지혜, 창의성, 인내심, 성실, 결단력, 카리스마, 정직, 유머, 책임감 등의 조건을 갖추어야 한다.

3. 용어의 정리

스팟(SPOT)은 집중이 필요할 때 산만한 분위기를 집중시키거나 동기부여를 위해 활용하는 프로그램이다. 스팟은 강의 내용을 연결하는 다리역할을 한다. 스팟의 종류에는 게임, 박수, 스킨십, 손유희, 액션, 유머, 퀴즈, 심리테스트, 감동적인 실화, 에피소드, 만화, 우화 등을 활용한 스토리도 스팟이라 할 수 있다.

아이스 브레이킹(ICE-BREAKING)은 강의 도입부에 어색함을 떨쳐버리고 부드러운 분위기를 만들어 참여자들과의 관계 개선을 목적으로 진행한다. 즉, 팀으로 공감대를 형성하며 상대방과 내가 상호 이해하는 프로그램이다.

유머(humor)는 남을 웃기는 말이나 행동인데 부정적인 유머는 사용하지 않는 게 좋다. 유머를 구사하기 전에 시간과 때, 장소, 상황을 구별하여 사용한다.

퀴즈(quiz)는 어떤 질문에 대한 답을 알아맞히는 놀이이다. 퀴즈는 오늘의 수업 내용이나 앞으로 할 내용, 수업과 관련된 내용이 좋으며, 분위기가 다운되었을 때 사용하면 유용하다.

팀빌딩(team building)은 팀의 목표설정이나 팀원들의 의사소통 능력, 조직 전체의 성과를 높이는 데 목표가 있다.

액션러닝(action learning)은 영국의 레그레번 교수가 개발했는데 팀단위로 과제의 해결책을 도출·적용하여 어떤 결과를 남기기 위해 학습자의 마음과 두뇌를 깨우는 활동을 말한다.

Chapter 02

레크리에이션 실제

4. 스팟 & 아이스브레이킹

1) 나를 알려요

대 상 : 중학생 이상

대 형 : 둥글게 앉거나 팀별 마주보는 대형

인 원 : 8~40명 이내

준비물 : 색종이 또는 색 도화지, 음악, 필기도구

방 법

1. 색종이를 나누어 준다.
2. 내가 좋아하는 꽃은? 좋아하는 음식, 좋아하는 동물, 내가 잘하는 것은?
   나는 이런 말 듣고 싶어요 등을 팀원들에게 보여주지 않고 적게 한다.
3. 다 적었으면 종이비행기를 접어 날린다.
4. 날려 보낸 종이비행기를 잡아 펴서 읽어주고 누구인지 팀원들이 알아맞춘다.
5. 주인공은 손을 들어 자신임을 알린다.
6. 자신임을 알린 사람이 자신의 손에 들고 있는 비행기를 읽는다.

2) 진진가

대 상 : 중학생 이상

대 형 : 자유형, 둥글게 앉은 형. 팀별형

인 원 : 4명 이상

준비물 : 음악, 포스트잇, 종이

방 법

1. 두 문장은 진짜 정보를 쓴다.
2. 나머지 한 문장은 가짜 정보를 쓴다.
3. 세 정보 중 가짜 정보를 찾아낸다.
4. 가짜 정보를 찾아내면 자신의 노트에 상대방의 이름을 쓴다.

Tip

자신의 성격, 경험담, 특기, 취미, 가족사 등을 사용할 수 있다.

3) 나를 이겨라

대 상 : 유치원~노인

대 형 : 자유형

인 원 : 제한 없음

준비물 : 선물

방 법

1. 리더와 전체가 가위바위보를 한다.
2. 리더에게 지거나 비긴사람은 자리에 앉는다.
3. 3명 정도 남으면 3명이 가위바위보를 한다.
4. 이긴 자에게 선물을 준다.

4) 알파벳 왕

- 대 상 : 중학생 이상
- 대 형 : 자유형, 원형, 팀별형
- 인 원 : 제한 없음
- 준비물 : 필기도구, 종이
- 방 법

1. 알파벳 A~Z까지 1~26까지 번호를 써 준다.
2. 각 알파벳 번호의 수를 더한다.

LOVE = 12 + 15 + 22 + 5 = 54

A=1. B=2. C=3. D=4. E=5. F=6.----------- V=22.
W=23. X=24. Y=25. Z=26

예시) HAPPY, HEALTH, MONEY, ATTITUDE

5) 초성퀴즈

대　상 : 초등학생 이상

대　형 : 자유형, 원형, 팀별형

인　원 : 제한 없음

준비물 : 음악

방　법

1. 초성퀴즈는 그 시대 유행하는 단어나 드라마, 수업안의 중심 단어들을 사용한다.

   예시) ㄱㄱㅋㅅㅌ = 개그콘서트

   ㅎㄴㅃㅇㄴㅍ = 하나뿐인내편

6) 칭찬해요

대　상 : 초등학교 고학년 이상

대　형 : 자유형, 원형, 팀별형

인　원 : 제한 없음

준비물 : 음악

방　법

1. 둘씩 마주 본다.
2. 서로의 좋은 점, 첫인상 등을 찾는다.
3. 서로 칭찬해준다.

7) 알아맞춰요

대　상 : 초등학생 고학년 이상

대　형 : 자유형, 원형, 팀별형

인　원 : 제한 없음

준비물 : 음악

방　법

1. 애국가 2절 첫 가사는?
2. 작곡가 리스트는 어느 나라 사람?
3. 다음 노래의 작곡가는?
4. 최후의 만찬을 그린 화가는?

8) 복불복(앗 뜨거)

대 상 : 초등학교 저학년 이상

대 형 : 자유형, 원형, 팀별형

인 원 : 제한 없음

준비물 : 음악, 신문지, 1000원 지폐, 사탕, 스카치테이프

방 법

1. 신문지에 돈 1000원을 넣고 공을 만든다.
2. 신문지에 사탕을 넣어 공을 만들거나 꽝 공을 만든다.
3. 음악을 틀거나 아는 동요 등을 부르며 옆 사람에게 공을 전달한다.
4. 리더의 스탑 소리에 전달하는 공을 멈춘다.
5. 나오는 사탕이나 돈은 갖는다.

9) 생각주머니 키우기

- 대 상 : 학생, 성인
- 대 형 : 자유
- 인 원 : 10명 이상
- 준비물 : 원이 25개 그려진 종이, 싸인펜(볼펜)
- 방 법

1. 원 25개를 이용하여 떠오르는 생각을 그림으로 표현한다(시간: 5분).
2. 어떤 생각을 무엇을 표현했는지 이야기를 나눈다.

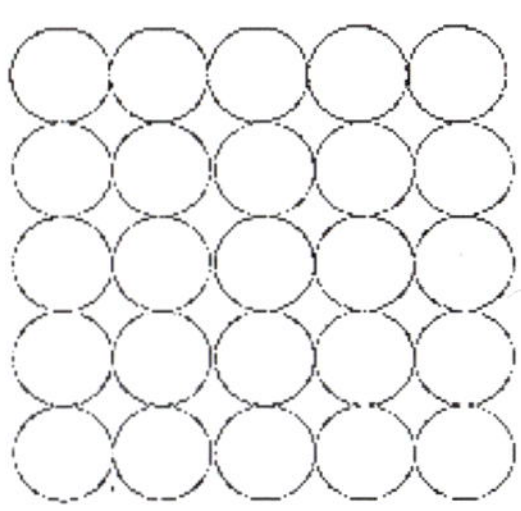

10) 짝꿍 얼굴 그리기

대　상 : 학생, 성인

대　형 : 2명씩 짝짓기

인　원 : 20~30명

준비물 : A4용지 1장, 필기도구(연필, 볼펜 등)

방　법

1. 두 명씩 짝을 만든다.
2. 짝과 인사를 나눈다.
3. A4용지에 1분 동안 각자 짝 얼굴을 그린다.
   ※ 규칙: 짝 얼굴만 바라보며 그린다(종이는 보지 않는다).
4. 진행자는 1분이 되면 종료 신호를 한다.
5. 우습고 재미있게 그려진 그림을 보고 즐거운 시간을 갖는다.
6. 짝에게 '긍정의 말 한마디'(듣고 싶은 말)를 얼굴 그림 밑에 써준다.
7. 날짜와 그린 사람 사인을 한다.
8. 짝에게 얼굴 그림을 선물로 준다.

5. 팀빌딩

11) 위로 아래로 꽝

대 상 : 중학생 이상

대 형 : 두 명씩 마주보고 앉기

인 원 : 2명 이상, 12명 이상

준비물 : 없음

방 법

1. 두 사람이 주먹을 쥐고 서로 하나씩 엇갈리게 4층으로 쌓는다.
2. 구령에 따라 "위로"하면 네 개의 주먹 중 맨 아래 주먹이 위로 올라가고, "아래로"하면 맨 위에 있는 주먹이 아래로 내려간다.
3. "꽝"이라는 지시어와 함께 아래에 있는 주먹이 맨 위에 있는 주먹을 친다.

Tip

"올려, 내려 덮어"로 구령을 바꾸어본다.
"올릴까? 내릴까? 내리지마, 올렸다 내려" 등 진행 멘트에 변화를 주면 더욱 재미있다.
짝을 바꾸어서 진행해보고 3명, 4명씩 인원을 늘려 간다.

12) 이구동성

- 대 상 : 초등학생 고학년 이상
- 대 형 : 자유형
- 인 원 : 제한 없음
- 준비물 : 음악
- 방 법

1. 4명이 한 팀이 된다.
2. 리더는 4자로 된 단어, 속담(왁자지껄, 마이동풍, 유익하게) 등을 적은 글자를 한 팀을 나오게 하여 정해준다.
3. 정해진 단어나 속담을 동시에 입을 모아 소리내고 알아맞히게 한다.

13) 잼. 곤지. 도리 짝짝

대 상 : 유아 이상

대 형 : 자유형, 팀별형

인 원 : 제한 없음

준비물 : 음악

방 법

1. 잼 잼. 곤지곤지. 도리도리 등을 몇 번 연습한다.
2. 잼 잼 짝짝. 곤지곤지 짝짝, 도리도리 짝짝
3. 잼 짝, 곤지 짝, 도리 짝
4. 잼, 곤지, 도리 짝
5. 팀 대항 활동을 한다.

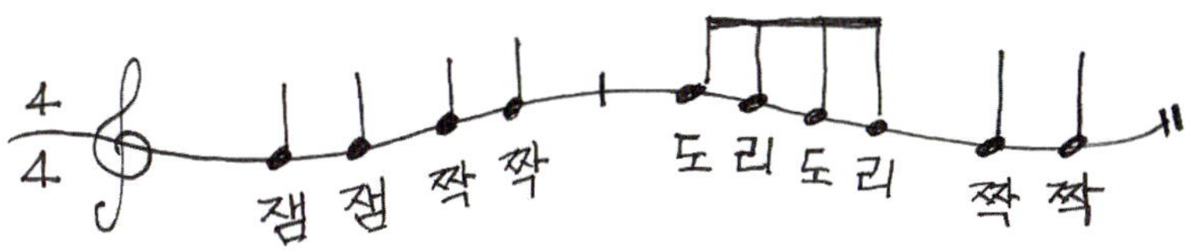

14) 페트병 뚜껑 멀리 보내기

대 상 : 초등학생 고학년 이상

대 형 : 팀별형

인 원 : 제한 없음

준비물 : 음악, 페트병 뚜껑, 책상

방 법

1. 책상 위에 페트병 뚜껑을 올려놓고 떨어뜨리지 않고 멀리 보내기를 팀원끼리 연습한다.
2. 연습 후 각 팀의 대표를 뽑는다.
3. 대표들이 나와서 3회 정도 대항을 한다.

15) 동물점수

대 상 : 초등학생 이상

대 형 : 인원제한 없음

인 원 : 팀별형

준비물 : 음악, 용지, 필기도구

방 법

1. 각 팀에게 용지를 나누어 준다.

ㄱ	ㄴ	ㄷ	ㅁ
ㅅ	ㅇ	ㅈ	ㅋ

2. ㄱ~ㄱ으로 시작된 동물이며 포유류는 어떤 동물인지 팀끼리 의논한다.
3. 리더가 부르는 답이 나오면 “야호”라고 외친다.

50점	기린, 늑대, 돼지, 말, 사자, 여우, 젖소, 코알라
100점	고양이, 낙타. 당나귀, 멧돼지, 사슴, 염소, 재규어, 코뿔소
200점	강아지, 너구리, 다람쥐, 망아지, 송아지, 오소리, 진돗개, 캥거루
300점	코끼리

Tip

동물 외에 진로과목에도 적용할 수 있다.

16) 종이컵 시간 내 쌓기

대　상 : 초등학생 고학년 이상

대　형 : 팀별형

인　원 : 제한 없음

준비물 : 종이컵 팀별 6개

방　법

1. 팀별로 종이컵 6개를 빨리 쌓는 연습을 시킨다.
2. 팀별로 나와서 빨리 쌓고 다시 제자리에 빨리 놓은 팀이 승리한다.
3. 팀의 승리 요인 또는 어떤 보완점이 있어야 하는지 토의 후 발표한다.

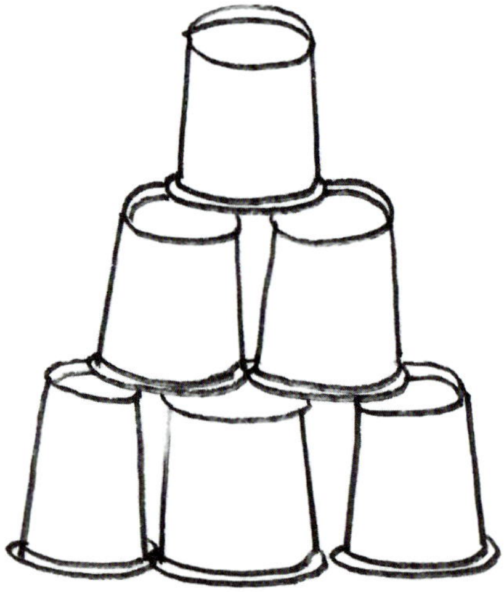

17) 도전. 도전. 도레미파

대 상 : 초등학교 5학년 이상

대 형 : 팀별형, 5명 한팀

인 원 : 제한 없음

준비물 : 없음

방 법

안 돼 요 안 돼
낭 랑 십 팔 세
닭 젓 국 찌 개
잣 찹 쌀 전 병
이 십 세 기 끝
꿩 샤 브 샤 브
찜 샤 브 샤 브
안 흥 팥 찐 빵
찹 쌀 바 게 트
게 살 샥 스 핀

Tip

위의 내용을 팀별로 도레미파솔 음에 맞추어 연습하고 팀별로 대항한다.

18) 깡통 위에서 중심잡기

대 상 : 중, 고등, 대학생

대 형 : 2팀 이상

인 원 : 팀별 5~10명

준비물 : 깡통 2개, 콩주머니 2개

방 법

1. 팀별 대표가 1명씩 나온다.
2. 통조림 깡통 위에 외발로 선다.
3. 다른 쪽 다리는 들고 균형을 유지하면서 바닥에 있는 콩주머니를 잡는다.
4. 콩주머니를 잡으면 본래의 자세로 돌아오면 된다.
5. 잡은 콩주머니가 많으면 이긴다.

Tip

너무 높지 않은 깡통을 사용한다.

19) 러시아워(한 장의 신문지에 몇 명이나 설수 있을까?)

대 상 : 청소년, 성인

대 형 : 자유형

인 원 : 5명 이상

준비물 : 신문지 2장

방 법

1. 신문지를 1장 펴놓는다.
2. 1명이 먼저 나와서 신문지 위에 선다.
3. 또 다른 사람들도 1명씩 나와서 신문지 위에 선다.
4. 각 팀에서 몇 명이나 신문지 위에 올라갈 수 있을지 최대한 많이 나온다.
5. 신문지 밖에 나온 사람이 없이 최대한 많은 수의 사람이 올라서면 이긴다.
6. 서로 많은 사람이 설 수 있도록 붙들어주면서 자연스런 친밀감이 형성된다.

Tip

- 한 발을 들으면 많은 사람이 설 수 있다.
- 신문이 없을 때는 끈으로 사각형을 만들어도 좋다.
- 지도자에 따라 신문을 접어서 사용한다.

20) 하히후헤호 송

대 상 : 청소년, 성인

대 형 : 자유형

인 원 : 10명 이상

준비물 : 없음

방 법

1. 인원을 5팀으로 나눈다.
2. 각 그룹별 하, 히, 후, 헤, 호를 정해준다.
3. 자신에게 정해준 발음만으로 각자의 노래를 한다.
4. 사회자가 "고기를 잡으러" 노래를 불러 불까요? 하며 팀을 가리킨다.
5. 팀은 자신의 발음으로 지적된 부분을 노래한다. "하하하~ 히히히~ 호호호호호호~"하고 각자의 발음을 낸다.

Tip

- 경쾌하고 빠른 음악으로 선정하는 것이 좋다.
- 지도자는 대상자에 알맞은 곡으로 선정한다.
- 각 그룹별 하, 히, 후, 헤, 호 팀을 정한다.
- 자신에게 정해준 팀의 발음만으로 각자의 노래를 한다.

21) 어깨와 어깨

대 상 : 청소년, 성인

대 형 : 자유형

인 원 : 10명 이상

준비물 : 부드러운 공

방 법

1. 공기가 약간 빠진 공을 준비한다.
2. 1열을 지었다가 부드러운 공을 어깨와 머리 사이에 끼운다.
3. 옆 사람에게 다가가서 전달한다.
4. 팔을 사용해선 안 되고 어깨와 머리 사이로만 전달한다.
5. 떨어뜨리면 그 사람부터 다시 해야 한다.

Tip

부드러운 공이 없을 때는 풍선을 사용해도 좋다.

6. 게임

22) 무궁화 꽃이 피었습니다.

대 상 : 초등학생 이상

대 형 : 자유

인 원 : 15명 이상

준비물 : 제비뽑기용 종이

방 법

1. 제비뽑기를 하여 술래를 먼저 정한다.
2. 술래는 대열을 등지고 돌아서서 손으로 눈을 가린다.
3. 진행자가 "시작!"을 외치면 술래는 "무궁화 꽃이 피었습니다!"하고 큰소리로 외친다.
4. 외치는 사이 움직이고 자리 이동을 하면서 외침이 끝나는 순간 제자리에 딱 멈춘다.
5. 조금이라도 움직이는 사람을 지적하고, 지적당한 사람이 다음의 술래가 된다.

Tip

다양한 행동이 총집합하는 '무궁화 꽃이 피었습니다'는 지상 최고의 눈치게임이다.

23) 얼음 잼 놀이

대 상 : 학생~성인

대 형 : 자유

인 원 : 15명 이상

준비물 : 제비뽑기용 종이

방 법

1. 제비뽑기를 해서 술래를 정한다.
2. 진행자가 "시작!"을 외치면 모두 도망을 가고, 술래는 신나게 추격전을 한다.
3. 더 이상 못 뛰겠으면 '얼음 잼'을 외친다.
4. 술래가 잡으면 잡히는 사람이 다음 술래가 된다.
5. 넓은 공간(실내체육관, 운동장에 범위를 정해둠)에서 실시한다.

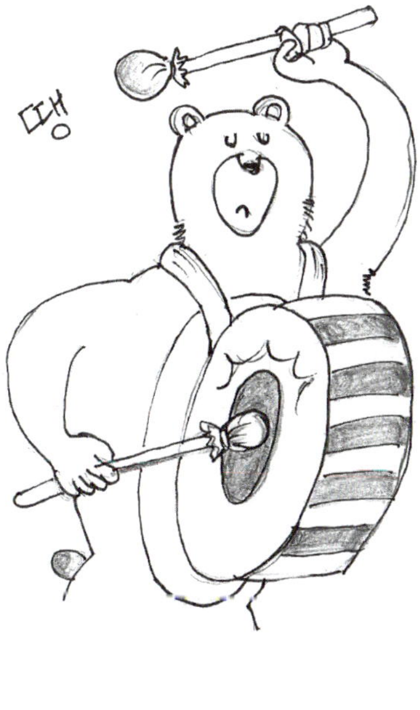

24) 바이킹 그네타기

대　상 : 학생

대　형 : 자유

인　원 : 20명

준비물 : 없음(운동장이나 실내의 그네 틀 앞)

방　법

1. 인원을 두 팀으로 나눈다.
2. 두 사람씩 두 개의 그네에 나란히 앉아서 다리를 꼬면서 준비한다.
3. 이 상태에서 그네에 앉아있는 사람을 다음에 하는 사람이 힘껏 밀어준다.
4. 꼬여있는 다리가 먼저 풀리는 사람이 진다.
5. 이렇게 해서 진 팀과 이긴 팀을 구별하여 시상을 한다.

25) Two Things Change

대 상 : 중학생 이상

대 형 : 2인 1조로 등 대고 앉기

인 원 : 14~20명

준비물 : 없음

방 법

1. 파트너 게임으로 두 사람씩 짝을 짓고 가위바위보를 한다.
2. 서로 돌아서서 등을 대고 앉은 뒤 진 사람은 눈을 감는다.
3. 이긴 사람이 제한시간(30초) 내에 두 가지 정도의 자신의 모습에서 복장, 액세서리에 변화를 준다.
4. 진 사람은 돌아서서 제한시간(30초) 내에 파트너에게 변화된 두 가지를 찾아낸다.
5. 찾아내지 못하면 이긴 사람이 무엇이 바뀌었는지 알려준다.
6. 서로 역할을 바꾸어 2~5까지 진행한 뒤, 달라진 것을 찾아내는 관찰게임을 한다.

Tip

- 게임이 끝난 뒤 연기력과 순발력에 대한 칭찬과 격려의 시간을 갖고, 진행자가 변화를 주는 것과 찾는 것이 어려웠는지 질문한다.
- 학습자들은 잠시 생각하다가 "변화를 주는 것이 어려웠다. 입고 있는 옷이나 자기의 상황에 변화를 주려니 변화시킬게 없다"는 말을 많이 한다.
- 결국 '변해야 한다. 바뀌어야 한다'고 말을 하지만, 실제로 변화와 개선이 쉽지 않다는 것을 경험하게 된다.

26) 16개의 정사각형

- 대 상 : 중학생 이상
- 대 형 : 자유형
- 인 원 : 20명 이상
- 준비물 : 준비된 자료
- 방 법

1. 배부자료를 나누어 준다.
2. 참가자들에게 총 몇 개의 정사각형이 있는지 질문한다. (대부분의 참가자들은 16개라고 대답한다.)
3. 참가자들에게 약 1분 정도 생각할 시간을 주고 16개 이상을 볼 수 있는지 물어본다.
4. 16개의 정사각형보다 더 많은 정사각형을 찾아낸 사람들의 설명을 들어본다.
5. 자신들의 아이디어 또는 팀별 의견들을 적은 뒤 개인별 또는 조별로 발표한다.
6. 지금 당신의 눈에는 몇 개의 정사각형이 보입니까?

Tip

우리에게 보이는 것과는 전혀 다른 사물이나 사람 등에 대한 관심과 관찰 그리고 관계를 요구한다. '상자 밖의 사고'를 하게 되면 사물과 사람들을 볼 때 그 가능성과 잠재능력을 보게 된다.

1	2	3	4
5	6	7	8
9	10	11	12
13	14	15	16

정답 30개

27) 펴! 잡아!

대 상 : 중학생 이상

대 형 : 자유

인 원 : 2명씩 소그룹, 전체 게임

준비물 : 없음

방 법

1. 먼저 두 사람씩 짝을 짓는다.
2. 서로 왼손 바닥을 펴서 각 파트너 앞에 놓는다.
3. 서로 오른쪽 검지를 펴 파트너의 손바닥 위에 세워 놓는다.
4. 진행자의 신호에 따라 나의 왼쪽 손은 상대방의 손가락을 잡고 오른쪽 손가락은 재빠르게 탈출한다.
5. 상대방 손가락을 잡으면 1점. 자신의 손가락이 잡히면 -1점. 잡히지도 않고 잡지도 못 하면 0점(계산은 스스로 하며 5점까지 진행한다).

Tip

- 전체 게임도 가능하다.
- 원형으로 둘러 앉아 왼손 바닥을 왼쪽 사람의 앞에 놓고 자신의 오른쪽 손가락을 자신의 오른쪽에 있는 사람의 손바닥 위에 올려놓는다. 진행자의 신호에 따라 전체가 동시에 할 수 있다.

28) 쌀, 보리 게임

대 상 : 초등학생 이상

대 형 : 자유

인 원 : 10~30명 이내

준비물 : 없음

방 법

1. 두 사람씩 짝을 지어 마주보고 앉는다.
2. 가위바위보를 하여 이긴 사람이 먼저 실시를 한다.
3. 진 사람이 양손의 손목을 마주 붙이고 손가락은 붙여서 공처럼 만들어 벌려준다.
4. 이긴 사람은 손가락 공 안에 주먹을 넣었다 꺼냈다 하면서 쌀, 보리를 외친다.
5. '쌀'이라고 외칠 때는 그대로 있고 '보리'라고 할 때 빠져나가지 않게 잡는다. 잡히면 -1점으로 계산하고 -3점까지 진행한다.
6. 끝나면 교대로 진행한다.

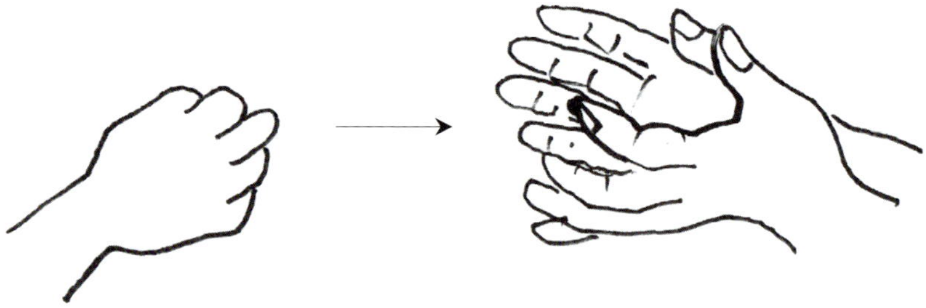

29) 합산 가위, 바위, 보

대 상 : 중학생 이상

대 형 : 자유

인 원 : 10명 이상

준비물 : 없음

방 법

1. 두 사람이 짝을 짓는다.
2. 서로 가위바위보를 해서 결과와 관계없이 펴진 손가락의 합을 말한 사람이 이긴다.
3. 가위는 2, 바위는 0, 보는 5라고 설명을 한다.
4. 가위바위보를 해서 나온 결과를 먼저 말한 사람이 이긴다.

Tip

발산과 집중력, 순발력에 효과가 있다. 심리전이 작용하면 더 재미있는 게임이 된다. 재치 있는 사람들은 자신이 낼 숫자를 먼저 계산하고 가위바위보를 시작해 상대를 압도한다.

30) 가위바위보 쪼그라져!

대　상 : 중학생 이상

대　형 : 일어서서 실시

인　원 : 20여명

준비물 : 없음

방　법

1. 책상에 오래도록 앉아 있는 상황에서 일어나게 하여 둘씩 짝을 지어 가위바위보를 하게 한다.
2. 이긴 사람이 진 사람을 향해 손가락으로 "쪼그라져!"라고 명령할 수 있다.
3. 진 사람은 무릎을 이용해 눈에 보일 만큼 조금 주저앉는다.
4. 이렇게 가위바위보를 계속 하다 보면 나중에는 완전히 주저앉는 사람이 생긴다.
5. 뒤에 덜 쪼그려 앉는 사람이 승리하는 게임이다.

Tip

모두가 짧은 시간에 일어나서 스트레칭과 발산까지 할 수 있는 활동이다. 쉬우면서도 요령이 필요한 게임이다.

31) 가위바위보, 손등 때리기

대　상 : 초등생 이상

대　형 : 짝과 마주 보기

인　원 : 자유

준비물 : 없음

방　법

1. 짝과 악수하듯 잡는다.
2. 이긴 사람이 진 사람의 손 등을 때린다.
3. 이때 진 사람은 짝이 때리지 못 하도록 손바닥으로 막을 수 있다.
4. 비기면 다시 가위바위보를 한다.

Tip

단순하게 손등을 때리는 게임이 아니라 사랑하는 파트너를 위해서 손등(손등은 우리의 어깨나 등에 해당된다고 설명한다)을 두드려주는 것이 아니라고 설명해 주며, 누가 손등을 세게 때려 가장 빨갛게 안마를 해주었는지 찾아보자고 진행 멘트를 한다.
청소년들에게는 3회 이하로 실시한다.

32) 주먹 탑 쌓기

대　상 : 초등학생 이상

대　형 : 짝과 마주보기

인　원 : 10~30명

준비물 : 없음

방　법

1. 두 사람씩 마주보고 앉는다.
2. 서로 주먹을 내어 4층탑을 쌓는다.
3. 진행자가 "하나, 둘, 셋, 넷!"이라는 구령을 붙인다.
4. 하나는 1층, 둘은 2층, 셋은 3층 주먹을 올려가며 계속 탑을 쌓아 간다.
5. 반복해서 몇 차례 하다가 진행자가 "넷"이라고 하면, 제일 밑에 있던 주먹을 빼서 주먹 탑을 내리친다.

Tip

모든 게임이 그러하듯이 실제 실행해 보기 전에는 게임이 잘 안되기 때문에 연습이 필요하다. 어떤 상황이 벌어지는지, 보통은 자기의 손을 치는 경우가 많다.

33) 007빵 게임

대　상 : 학생, 성인

대　형 : 원형

인　원 : 15~20명

준비물 : 없음

방　법

1. 원형으로 둥글게 앉는다.
2. 술래 1명을 정한다.
3. 술래는 한 사람을 가리키면서 "공"이라고 외친다.
4. 첫 번째 지목 당한 사람은 다른 사람을 가리키며 "공"이라고 외친다.
5. 두 번째 지목 당한 사람은 또 다른 사람을 가리키며 "칠"이라고 외친다.
6. '칠'이라고 지목된 사람은 다른 사람을 가리키며 "빵"이라고 외친다.
7. '빵'이라고 지목된 사람은 양손을 들고 "으악"이라고 외친다.
8. 이때 '빵'이라고 지목된 사람의 양쪽 옆 사람 둘도 양손을 들고 "으악"한다.
9. 틀린 사람은 '인디안밥' 같은 벌칙을 받는다.

34) 동시에 외친다

대　상 : 학생, 성인

대　형 : 2명씩 팀 만들기

인　원 : 20~30명

준비물 : 없음

방　법

1. 사이다:콜라 이심전심 게임
   - 2명(팀)이 마주 본다.
   - 진행자(사회자)가 “사이다, 콜라”라고 외치면, 2가지 중 좋아하는 것(마음에 드는 것)을 택하여 “사이다” 또는 “콜라”라고 2명이 동시에 외친다.
   - 2명(팀)이 같은 것을 택하면 ‘이심전심’으로 1점을 받는다.
   - 점수가 많은 팀이 이심전심 게임에서 승리한다.

짬뽕:짜장, 치킨:피자, 밥:빵, 비냉:물냉, 맥주:소주, 사탕:초콜릿, 지하철:버스, 카드:현금, 산:바다, 여름:겨울, 밤:낮, 안경:렌즈, 에어컨:선풍기, 목걸이:귀걸이, 젓가락:숟가락, 강아지:고양이, TV:라디오, 볼펜:연필, 책가방:신발주머니

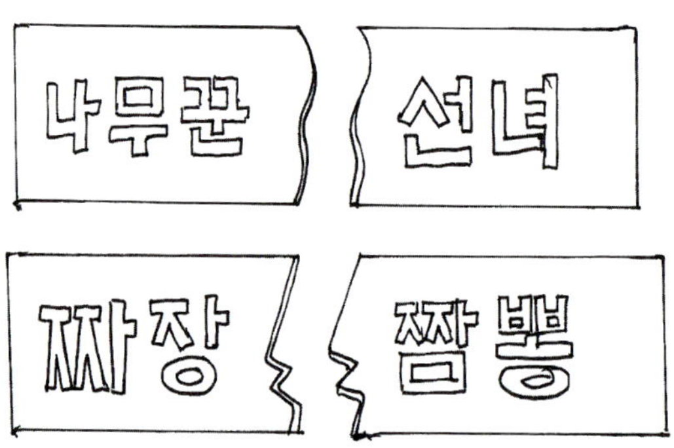

35) 가위, 바위, 보! 게임

대 상 : 학생, 성인

대 형 : 원형

인 원 : 15～20명

준비물 : 상품(칭찬)

방 법

1. "나를 이겨라! 가위바위보!"
   - '나(진행자)'를 이긴 사람만 손을 든다(진 사람과 비긴 사람은 손을 내린다).
   - '나'하고 가위바위보는 2～5여명 남을 때까지 한다.
   - 최종 남은 2～5명끼리 가위바위보를 해서 최종 승리자 1명을 뽑는다. 최종 승리자 1명에게 상품(칭찬)을 준다.
2. "나를 비겨라! 가위바위보!"
   - '나'를 비긴 사람만 손을 든다(이긴 사람과 진 사람은 손을 내린다).
   - '나'하고 가위바위보는 2～5여명 남을 때까지 한다.
   - 최종 남은 2～5명끼리 가위바위보를 해서 최종 승리자 1명을 뽑는다.
     최종 승리자 1명에게 상품(칭찬)을 준다.
3. "나를 져라! 가위바위보!"
   - '나'에게 진 사람만 손을 든다(이긴 사람과 비긴 사람은 손을 내린다).
   - '나'하고 가위바위보는 2～5여명 남을 때까지 한다.
   - 최종 남은 2～5명끼리 가위바위보를 해서 최종 승리자

1명을 뽑는다.

최종 승리자 1명에게 상품(칭찬)을 준다.

36) 속담이나 영화 제목을 이용한 짝(자리) 정하기

대 상 : 학생, 성인

대 형 : 자유

인 원 : 4명 이상

준비물 : 인원 수 만큼의 종이, 필기구

방 법

1. 인원 수 만큼 종이를 준비하여 속담, 영화, 소설 제목을 절반씩 적는다.
2. 예를 들어, 속담 '아니 땐 굴뚝에', '연기 나랴'를 각각 다른 종이에 적는 것이다. '말 한마디로', '천냥 빚 갚는다.' '소 잃고', '외양간 고친다.'
3. 종이를 두 번 접어 바구니에 담는다.
4. 한 사람씩 종이를 뽑는다.
5. 아래 두 가지 방법 중 하나의 방법으로 진행한다.

(1) ① 종이를 뽑자마자 펴 보고 짝을 찾는다.
② 제비뽑기를 하여 앉을 자리를 정한다.

(2) ① 종이 뽑기가 끝난 뒤 동시에 짝 찾기를 한다.
② 가장 먼저 짝을 찾은 팀이 마음에 드는 자리에 앉는다.

Tip

강사가 원하는 자리에 앉힐 수 있는 좋은 방법임

37) 제비뽑기로 자리 정하기

대 상 : 학생, 성인

대 형 : 자유

인 원 : 4명 이상

준비물 : 인원 수 만큼의 종이, 필기구

방 법

1. 인원 수 만큼 종이를 준비하여 1부터 번호를 적은 다음 제비뽑기를 한다.
2. 칠판이나 전지에 자리 배열을 그리고 무작위로 번호를 적어 넣는다.
3. 무작위로 번호를 적을 때, 제비뽑기를 해서 자리에 앉을 사람 중 한 명이 적게 한다.
4. 제비뽑기로 뽑은 번호의 자리로 가서 앉는다.

38) 너, 가! – 자리를 빼앗긴 사람이 다른 사람의 자리를 빼앗아 앉는 놀이

대　상 : 학생, 성인

대　형 : 자유

인　원 : 4명 이상

준비물 : 인원 수 만큼의 종이, 필기구

방　법

1. 집단 가위바위보를 하여 한 명을 뽑는다.
2. 뽑힌 사람이 원하는 자리로 가서 "너, 가!"라고 외치면서 그 자리를 빼앗는다.
3. 자리를 빼앗긴 사람은 다른 자리로 가서 "너, 가!"라고 외치면서 그 자리를 빼앗는다.
4. 마지막 사람은 처음 집단 가위바위보에서 뽑힌 사람의 자리에 앉는다.

응용) 자신이 앉았던 자리를 지키고 싶은 사람은 가위 바위 보를 신청하여 자리를 뺏으려는 사람과 가위 바위 보를 한다. 가위 바위 보를 하여 이기면 자리를 지킬 수 있고 지면 자리를 빼앗긴다.

Tip

강사가 참여자들의 성향을 파악하는데 도움이 됨(친밀한 관계 등)

39) 집어!

대　상 : 학생, 성인

대　형 : 자유

인　원 : 2명 이상(짝게임)

준비물 : 작은 물건들(어떤 것이든 집을 수 있는 것이면 상관없음)

방　법

1. 두 사람 사이에 작은 물건을 놓는다.
2. 강사가 "하나 둘 셋, 집어!" 하면 물건을 집는다.
3. 먼저 집는 사람이 이기는 게임이다.

Tip

집어놔 게임으로 활용해도 좋음(놔라고 외칠 때 먼저 집는 사람이 이기는 게임)

40) 솥뚜껑 바가지

대　상 : 학생, 성인

대　형 : 자유

인　원 : 2명 이상(짝 게임)

준비물 : 없음

방　법

1. 두 사람이 마주보며 서로 왼 주먹과 오른 주먹을 번갈아 쌓아올린다.
2. 강사가 "위!" 하고 말하면 누구의 주먹이든 상관없이 맨 아래에 있는 주먹을 맨 위로 올린다.
3. 강사가 "아래!" 하고 말하면 누구의 주먹이든 상관없이 맨 위에 있는 주먹을 맨 아래로 내린다.
4. 몇 번을 반복한 뒤에 "솥뚜껑!"이라고 하는데, 이때는 짝과 자기 주먹 가운데 아래에 있는 주먹을 먼저 펴서 꼭대기로 가져가 덮는 사람이 이긴다.
5. "바가지!"는 "솥뚜껑!"과 반대로 위에 있는 주먹을 펴서 맨 아래에 받치는 사람이 이긴다.

41) 행운의 열쇠 잡아라!

대 상 : 학생, 성인

대 형 : 자유

인 원 : 2명 이상(짝 게임)

준비물 : 없음

방 법

1. 오른쪽 검지 손가락을 행운의 열쇠 손가락으로 사용한다.
2. 오른손 검지 손가락을 상대방이 왼손으로 만든 행운의 열쇠 구멍에 넣는다.
3. 진행자가 이야기를 하다가 잡아라를 외치면 행운의 열쇠를 꼭 잡는다.
4. 강사가 "잡아라"라고 외치면 상대방의 손가락을 재빠르게 잡는다. 동시에 내손에 들어 있는 상대방의 손가락을 뺀다.
5. 상대방의 손을 잡은 사람이 올해의 행운을 잡는 것이라고 설명한다.
6. 행운의 열쇠를 잡은 사람을 손들게 한 후 올해의 행운을 잡은 것에 대해 함께 박수를 쳐준다.

Tip

여럿이 할 때는 둥글게 앉아 옆 사람의 손을 잡는 게임으로 활용해도 좋다.

42) 눈치코치 숫자 세기

대　상 : 학생, 성인

대　형 : 원형

인　원 : 10~15명

준비물 : 없음

방　법

1. 10~15명 정도로 해서 원을 만들어 앉는다.
2. 아무나 한 사람이 "하나"하고 소리치며 일어선다. 이때 번호를 부르며 일어선 사람은 다시 앉지 못하고 서 있어야 하며 다른 번호를 부를 수 없다.
3. 또 다른 사람이 "둘"하고 일어서면 다른 사람이 "셋"하고 일어선다.

4. 이와 같은 방법으로 마지막 한 사람까지 일어서면 끝난다.
5. 만일 숫자를 세는 도중 어느 한 번호에 두 명 이상 일어나면 처음부터 다시 시작한다.
6. 숫자 세기가 잠시 끊겨서 일정한 속도를 지키지 못하고 조금이라도 빠르거나 느리면 처음부터 다시 시작한다.

Tip

협동심을 기르는 게임으로 좋은 방법이다.

43) 하나, 둘 고개 돌려!

대 상 : 학생, 성인

대 형 : 자유

인 원 : 2명 이상(짝 게임)

준비물 : 없음

방 법

1. 등을 맞댄 상태에서 신호(하나 둘)에 따라 각각 고개를 왼쪽이나 오른쪽, 마음대로 돌린다.
2. 얼굴을 마주보면 점수가 올라간다.
3. 서로 이심전심을 알 수 있다.

44) 자리 뺏기

대 상 : 학생, 성인

대 형 : 자유

인 원 : 4명 이상

준비물 : 인원 수 만큼의 종이, 필기구

방 법

1. 학생의 이름을 종이에 적는다.
2. 맨 처음 종이는 강사가 뽑는다.
3. 종이에 적힌 사람이 나와 다시 종이를 뽑는다.
4. 종이를 뽑은 사람은 종이에 적혀 있는 사람의 자리에 앉고, 자리를 뺏긴 사람은 다시 종이를 뽑아 자리를 빼앗는다.
5. 이렇게 마지막 한 사람이 남을 때까지 한 명씩 나와 종이를 뽑아 자리에 앉는다.
6. 맨 마지막에 뽑힌 사람은 처음에 강사가 뽑았던 사람의 자리에 앉는다.

45) 훌랄라 랄라-짝끼리 가위바위보

대　상 : 학생, 성인

대　형 : 자유

인　원 : 2명 이상(짝 게임)

준비물 : 고무줄

방　법

1. "훌랄라 랄라, 훌랄라 랄라, 훌랄라 랄라, 가위바위보!"의 노래에 맞추어 자기 손뼉 두 번, 짝끼리 손뼉 마주치기를 두 번씩 반복한다.
2. 왼손을 맞잡고 오른손으로 가위바위보를 한다.
3. 노래가 늘어지지 않게 빨리 부른다.
4. 기발한 벌칙을 주어 놀이의 맛을 더한다.
5. 기발한 벌칙의 예
   ① 이긴 사람 만세! 진 사람은 손들고 있는 사람 간지럼 태워!
   ② 이긴 사람이 진 사람 머리에 고무줄 예쁘게(?) 묶어주기: 진 사람은 머리에 손 못 대게 해야 한다. 빨래집개나 스티커를 사용할 수도 있다.

46) 코 귀 잡기

대　상 : 초등학생 5~6학년, 중등 이상

대　형 : 2인 1조

인　원 : 인원 1팀 2명씩 마주보고 앉기, 5팀 가능

준비물 : 없음

방　법

1. 오른손으로 코 잡고, 왼손으로 오른쪽 귀(X자로 엇갈려)를 잡는다.
2. 지도자의 "바꿔" 구령에 왼손은 코, 오른손은 왼쪽 귀를 잡는다.
3. 또 한 번 "바꿔" 구령에는 원위치로 한다.
4. 양손을 교차하면서 동시에 코, 귀를 잡기란 쉽지 않다

Tip

너무 오래 끌면 흥미가 반감된다. 5회 정도 반복하고 "하나 둘, 셋" 구령에 맞추어 점점 속도를 빨리해서 게임의 스릴을 높인다)

47) 셀프칭찬(쓰담쓰담)

대　상 : 중학생 이상

대　형 : 지도자를 향해 앉거나 둘씩 짝지어 앉는다.

인　원 : 10명 이상

준비물 : 없음

방　법

1. 왼손으로는 주먹을 쥐고 무릎을 두드리고 오른손 바닥으로는 머리를 쓰다듬는 연습을 한다.
2. 지도자가 "바꿔"하면 이번에는 오른손 주먹으로 무릎을 두드리고 왼손바닥은 머리를 쓰다듬는다.
3. 참가자들이 동작에 익숙해지면 노래에 맞추어서 진행한다. 지도자는 일정한 박자에 "바꿔"라는 말을 하는 것이 좋다(고향의 봄노래에서는 "꽃" 마다 바꾸는 것으로 사전에 안내한 후 진행한다).

Tip

대상에 맞춰 노래를 선정하는 것이 좋다(노인: 고향의 봄 등).

48) 하늘, 코, 귀

대　상 : 중학생 이상

대　형 : 둘이 마주 앉거나 지도자를 보고 앉아도 무방

인　원 : 6명 이상

준비물 : 없음

방　법

1. 오른손 검지로 하늘을 가리키면서 "하늘"이라고 외친다.
2. 코를 가리키며 "코"라고 외친다.
3. 귀를 잡으면서 "귀"라고 외친다(오른쪽 귀).
4. 하늘, 코, 귀를 하면서 2~3번 반복하며 3박자의 노래를 부른다.
5. 왼손으로는 "코", "귀", "하늘"이라고 외치면서 동작을 따라 하게 한다.
6. 양손을 동시에 사용하면서 반복을 한다.

Tip

처음 진행 시에 '하늘'이라고 외칠 때 참가자들이 따라 하지 않으면 지도자는 '하늘'이라고 참가자들이 따라 하도록 유도한다. 반복할 때 지도자는 3박자에 맞추면서 반복한다. 노래를 부를 경우에는 3박자의 노래를 불러주고 지도자는 참가자들이 쉽게 따라 부를 수 있는 노래를 선택한다.

49) 땅 따당

대　상 : 중학생 이상

대　형 : 둘씩 짝이 되어 앉는다.

인　원 : 6~10명 정도

준비물 : 없음

방　법

1. 지도자가 "땅! 하고 오른손으로 총 쏘는 시늉을 하면 모두 "따당"하고 되쏘는 시늉을 한다.
2. "따당!" 하면 반대로 "땅"을 해야 한다.
3. "땅 따당" 하면 "따당 땅"으로 응수를 해야 한다.
4. 아무나 갑자기 지적해서 틀리도록 유도하거나, 둘씩 짝이 되어 서로 승부를 가린다.

Tip

- 너무 오래 끌면 게임이 반감되므로 참가자들이 적응하기 전에 끝내도록 한다.
- 지도자의 진행기법이 요구되는 게임이며 점점 빠르게 진행하는 것이 좋다.
- 땅 따당 대신 땅콩 산타-크로스, 징글-벨 등으로 응용할 수 있다(2명씩 서로 짝지어).

50) 번개땅

대　상 : 중학생 이상

대　형 : 2인 1조

인　원 : 8명 이상

준비물 : 없음

방　법

1. 지도자는 참가자들에게 "번개"라는 말을 하면 박수 한번을 치게 한다.
2. 이번엔 지도자가 "땅"이라고 외치면 총 쏘는 액션을 취하면서 팔을 들고 뒤로 넘어지는 듯이 액션을 취하며 "으악"이라고 한다.
3. 지도자는 번개를 외치다 갑자기 "땅"이라 외치며 참가자들을 집중시키고 "번쩍", "번뜩"과 같이 유사어를 사용하여 실수를 유발한다.

Tip

"번개땅"이라는 말과 동시에 박수를 치도록 유도한다. 총 쏘는 액션을 취하면서 "번개"라고 외치면 우스꽝스런 장면이 연출된다.

51) 상상속의 시계

대 상 : 중학생 이상

대 형 : 자리에 앉아 있는 상태로

인 원 : 그룹(5~6명)

준비물 : 없음

방 법

1. 지도자는 모든 참가자에게 눈을 감게 한다.
2. 30초 또는 1분 또는 20초를 정하고 참가자들로 하여금 머릿속으로 짐작하여 정한 시간이 되면 손을 들거나 자리에서 일어나게 한다.
3. 가장 정확히 맞춘 사람에게 경품을 증정한다.
4. 버스 이동시에 도착지에 도착하는 시간 알아맞히기를 실시해도 된다.

Tip

- 숙달되면 임의로 시간을 정해 "시간을 잡아라 30초!" 등의 멘트와 함께 진행한다. 팀워크 게임으로 응용할 수 있다.
- 손을 잡고 눈을 감고 있다가 팀장이 손으로 전달해 준다.
- 팀원이 일어나면 된다.
- 팀원 중에 가장 마지막에 일어나는 참가자의 시간으로 결정한다.

52) 화, 수, 목

대 상 : 중학생 이상

대 형 : 2명씩 마주보고 앉기

인 원 : 6명 이상

준비물 : 없음

방 법

1. 지도자가 "화수목, 화수목을 반복하다가 아무나 지적하면서 "화"하면 빨리 꽃 이름을 말하면 된다.
2. "수"하면 강 이름, "목"하면 나무 이름을 말하는데 똑같은 이름을 반복을 하면 안 된다.
3. 응용 형태로 "화수목, 대신 꽝"하면 "화수목"이 아닌 다른 종류의 이름을 말해야 한다.

Tip

- 점점 속도를 빨리하며 참가자의 실수를 유도한다.
- 뿅망치(스티커)를 준비하여 틀린 답이면 참가자가 맞고, 맞는 답이면 본인이 맞는다. 틀린 사람은 뿅망치를 들고 다른 참가자에게 이동한 후 게임을 계속한다.
- 텔, 가, 영 등으로 변형해서 진행한다(탤런트 가수이름 영화배우, 이름).

53) 안마 게임

대 상 : 중학생 이상

대 형 : 두 명 이상 한 방향으로 앉는다.

인 원 : 10명 이상

준비물 : 없음

방 법

1. 참가자들을 오른쪽으로 한 방향을 정해서 몸을 살짝 돌리게 한다.
2. 몸을 돌린 상태에서 앞에 있는 참가자 어깨에 양손을 올린다.
3. 음악에 맞춰 지도자의 지시에 맞춰 안마를 한다.
4. 진행멘트
   - 양손을 앞사람 어깨 위에 올리고 음악과 함께 주물러주기 출발합니다.
   - 주먹으로 살살 두들겨 주기
   - 날 세워서(손 날로) 등심, 안심 제비추리, 목살까지
   - 손바닥으로 한참 두들기다가
   - 겨드랑이 간지럼 태워주기
   - 전체 반대방향으로 돌아서 되풀이 한다.

54) 하늘 땅 바다

대　상 : 중학생 이상

대　형 : 2명씩 마주 보고 앉는다.

인　원 : 2~10명

준비물 : 없음

방　법

1. 지도자가 하늘하면 두 손을 들고 반짝반짝한다.
2. 지도자가 땅하면 두 손을 가슴 앞에서 반짝반짝한다.
3. 지도자가 바다하면 두 손을 아래로 반짝반짝한다.
4. 지도자가 시범을 보인 후 하늘, 땅, 바다에 사는 동물이나 그곳에 있는 사물의 이름을 부르면 참가자들은 위의 동작을 취한다.
5. 지도자는 구호와 동작을 다르게 하여 실수를 유도한다.
6. 갑자기 펭귄, 개구리, 악어 등 육지와 바다에 함께 사는 동물을 부른다.

Tip

- 지도자는 천지인으로 박자를 잡아준다.
- 바로 동물이나 사물을 이야기하면 흥미가 떨어진다.
  예) 천지인 천지인 천지인 하늘(위로 반짝)
- 동작을 재미있게 만들어 본다. 예) 하늘: 나비처럼 날기, 바다: 금붕어 춤

55) 풍선게임(1)

대　상 : 고등학생 이상

대　형 : 주어진 풍선을 갖고 지도자를 보고 앉는다.

인　원 : 두 명씩 다섯 팀 그 이상(10명 이상)

준비물 : 풍선

방　법

– 멀리 날리기

1. 참가자 중 가장 힘이 있어 보이는 사람을 불러낸다.
2. 참가자들에게 풍선을 정해진 시간 내에 크게 불게 한다.
3. 그 풍선을 묶지 않게 하고 풍선을 날린 다음 가장 풍선이 멀리 나간 참가자가 이기는 게임이다.

56) 풍선게임(2)

대 상 : 고등학생 이상

대 형 : 주어진 풍선을 갖고 지도자를 보고 앉는다.

인 원 : 두 명씩 다섯 팀 그 이상(10명 이상)

준비물 : 풍선

방 법

- 코로 풍선 불기

1. 참가자 중 콧김이 센 사람을 4~5명 불러낸다.
2. 코로 불어 풍선을 가장 크게 부는 사람이 이기는 경기이다.

57) 풍선 엘리베이터

대　상 : 중고등학생 이상

대　형 : 2인 1조

인　원 : 10명 이상

준비물 : 풍선

방　법

1. 참가자 중 4~5커플을 불러낸다.
2. 커플의 무릎 사이에 풍선을 놓는다.
3. 이 풍선을 이마까지 빠른 시간 내에 올리고 올린 후에는 다시 하강도 실시한다.

Tip

절대 손을 사용해서는 안 된다.

58) 빵돌이와 빵순이

대 상 : 유아 이상

대 형 : 자유형

인 원 : 제한 없음

준비물 : 없음

방 법

1. 지도자는 참가자들을 대상으로 이야기를 하는 도중 "빵"자가 나오면 참가자들은 "빵"자에 정확히 맞추어 손뼉을 한 번 친다.
2. 지도자는 참가자들이 손뼉을 자주, 자동으로 치도록 실수를 유도한다.
3. 진행 멘트
   - 옛날에 "빵"돌이와 "빵"순이가 살았습니다. 빵돌이와 빵순이는 모두 "빵"을 너무 좋아했습니다. 어느 날 빵돌이가 돈이 생겨 빵순이에게 빵집에 가자고 했습니다. 빵집에는 빵이 참 많았습니다. 곰보빵, 크림빵, 찐빵, 햄버거, 도넛~~~빵을 먹다가 빵순이가 빵돌이에게 노래를 부르자고 했습니다.
   - 노래: 빵 빵 빵자로 끝나는 말은 내빵 언니빵, 오빠빵, 아빠빵, 할아버지 "떡"
   - 다음날 학교에 갔더니 갑자기 선생님께서 시험을 보는 것이었습니다. 시험공부를 못한 빵돌이와 빵순이는 시험 결과가 아주 안 좋게 나왔습니다.

     국어 빵점 수학 빵점 사회 빵점 과학 빵점 체육 20점

Tip

말의 속도를 조절하면서 빠르게 혹은 느리게 진행한다. 빵이 아닌 '뻥'이나 '빵' 등의 비슷한 단어를 활용함으로써 진행의 재미를 더한다.
토끼와 거북이(유아), 타잔과 제인(성인)

59) 잡아! 콕!

대 상 : 초등학생 이상

대 형 : 소그룹으로 둘러앉는다.

인 원 : 5명 이상

준비물 : 없음

방 법

1. 옆 사람과 마주보고 오른손은 주먹을 살짝 쥐고, 왼손은 검지를 상대방에 주먹에 넣는다.
2. 지도자의 신호에 맞추어 검지를 빼면 이기고, 빼지 못하면 진다.
3. 역시 상대방의 검지를 잡으면 이기고, 잡지 못하면 진다.
4. 내 검지는 빠지고 상대방 검지를 잡으면 최고 승자가 된다.

Tip

"잡아"라는 말 대신에 잡채, 잡곡 등 혼란을 유도한다. 지도자는 일반책의 한 구절을 읽다가 같은 단어가 나오면 검지를 빼게 하는 방법으로 응용 할 수 있다. 짝을 바꾸어서 게임을 하고 인원을 늘려 소그룹별로 진행해도 재미있다.

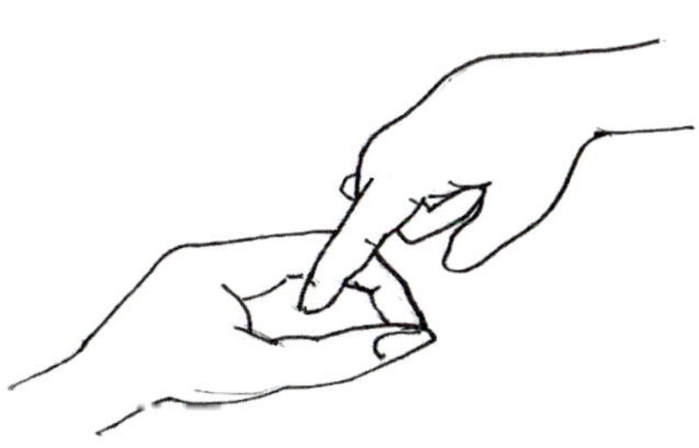

60) 파트너 맞히기

대　상 : 청소년, 성인 모두

대　형 : 자연스런 대형

인　원 : 각 팀에서 6명씩

준비물 : 눈가리개 3개

방　법

1. 각 팀에서 6명씩 나오게 한다.
2. 2명씩 파트너를 정한다.
3. 파트너 1명씩 3명은 눈을 가린다.
4. 다른 친구들은 자리를 바꾼다.
5. 강의실 한가운데 있는 각자의 파트너를 더듬어서 찾는다.

Tip

음악이 있으면 더욱 좋다. 파트너는 절대로 목소리를 내지 않아야 한다.

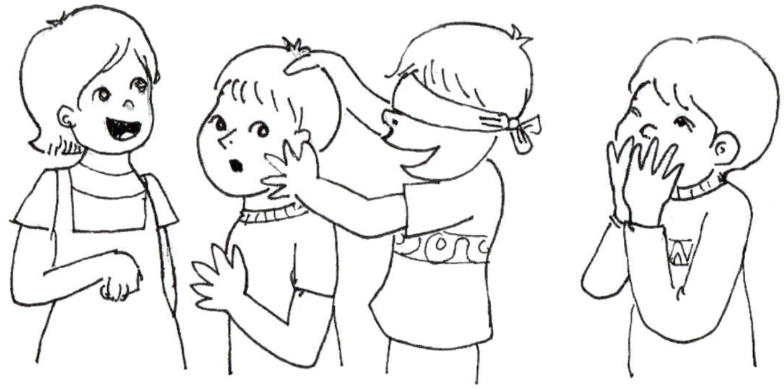

61) 수건모자 떨어뜨리기

대 상 : 청소년, 성인 모두

대 형 : 팀별 자유대형

인 원 : 6명 이상

준비물 : 수건, 1m 끈

방 법

1. 수건 2개를 1미터의 끈으로 연결한다.
2. 팀별 1명씩 나와서 서로의 머리에 얹는다.
3. 처음엔 두 사람이 딱 붙어 선다.
4. 신호가 나면 조금씩 물러서면서 상대의 머리에서 수건을 떨어뜨린다.

Tip

상체를 많이 움직이는 편이 유리하다.

62) 개구리 게임(번호 부르면 뛰어오르는 놀이)

대 상 : 청소년

대 형 : 원형

인 원 : 8명 이상

준비물 : 없음

방 법

1. 8~9명이 한 조가 되어 한 사람이 중앙에 들어간다.
2. 나머지 사람은 둥글게 앉는다.
3. 가운데 있는 사람은 어미개구리, 주위 사람은 새끼개구리가 된다.
4. 새끼개구리들은 자기의 번호를 정한다.
5. 어미개구리는 어떤 번호든 좋으니 새끼개구리의 번호를 크게 부른다.
6. 번호가 불리운 새끼개구리는 곧바로 "팔짝!" 뛰어오른다. 늦으면 안 된다.
7. 늦으면 술래가 된다.

63) 초지일관

대　상 : 청소년 및 성인

대　형 : 원형

인　원 : 5명 이상

준비물 : 없음

방　법

1. 모두 모여 둥글게 앉는다.
2. 개인은 각자 본인이 대답할 내용을 정한다(예: 돼지꼬리).
3. 지도자는 한 사람씩 돌아가며 여러 가지 질문을 한다.
   너는 누구냐? 무엇을 제일 잘 먹느냐? 이상형의 배우자는?
   좋아하는 사람에게 어떤 선물을 하고 싶은가?
   가장 아끼고 소중히 여기는 물건은?
   장래의 희망은? 누구와 같이 잠을 자는가?
4. 질문을 받는 사람은 질문 내용에 관계없이 본인의 대답을 큰 소리로 대답한다.
5. 대답을 할 때 다른 대답을 하거나 웃으면 실격이다. 대답의 내용은 변화 있게 바꾼다. “바퀴벌레 발바닥이다!”, “코딱지다!”, “너나 잘하세요.”

Tip

2개 팀을 나누어 진행해도 좋다. 이때는 각 팀에서 1명씩 나와서 교대로 실문해도 되고 공격과 수비를 정해서 진행해도 좋다.

7. 박수놀이

64) 8.4.2.1박수

대　상 : 초등 이상

대　형 : 자유형, 팀별형

인　원 : 제한 없음

준비물 : 음악

방　법

1. 둘씩 짝을 정한다. 짝과 손뼉을 8번 친다.
2. 반대 짝과 박수 8번 친다.
3. 내짝과 4번
4. 반대 짝과 4번
5. 내짝과 2번
6. 반대 짝과 2번
7. 내짝과 1번
8. 반대 짝과 1번

Tip

음악에 맞추거나 동요 등을 부르면서 할 수 있다. 박수 대신 상대방의 어깨를 두들겨 줄 수도 있다.

65) 건강박수

대　상 : 유아 이상

대　형 : 자유형

인　원 : 제한 없음

준비물 : 음악

방　법

손바닥: 내장기능 강화

손가락박수: 심장과 기관지

손끝박수: 시력, 비염, 코감기

손목박수: 생식기능 강화

주먹박수: 두통, 어깨통증

손등박수: 요통완화

66) 사랑박수

대 상 : 초등학생 이상

대 형 : 자유형

인 원 : 제한 없음

준비물 : 없음

방 법

1. 무릎 두번, 손뼉 두 번 치면서 윙크 윙크 말한다.
2. 무릎 두번, 손뼉 두 번 치면서 꼬시고 꼬시고
3. 무릎 두번, 손뼉 두 번 안아주고 안아주고
4. 무릎 두번, 손뼉 두 번 굿바이 바바이

67) 뻔데기 박수

대 상 : 초등학생 이상

대 형 : 자유형

인 원 : 제한 없음

준비물 : 없음

방 법

1. 뻔(자기 손뼉 1회 치기)(1호), 데기(옆사람과 박수 1회 치기)(1호)
2. 뻔(1호)데기(1호)
3. 뻔뻔 데기데기(4호)
4. 뻔데기 뻔데기(4호)
5. 뻔뻔뻔 데기데기데기(6호)
6. 뻔데기 뻔데기 (4호)
7. 뻔뻔뻔뻔 데기데기데기데기(8호)의 순으로 계속 증가시켜 나간다.

Tip

뻔데기 이외에 다른 말들로 응용해 본다.

예) 오징어(자기손뼉), 땅콩(옆사람 손뼉), 내(자기 손뼉), 자기(옆사람 손뼉) 손을 바꿔 응용해 본다.

68) 요리박수

대　상 : 초등학생 이상

대　형 : 자유형

인　원 : 제한 없음

준비물 : 없음

방　법

1. 한국 요리: 오물오물(양손 위로 향하고 손가락을 오므렸다 폈다) 짝짝 조물조물(양손 아래로 향하고 손가락을 오므렸다 폈다) 짝짝 오물 짝 조물 짝/오물조물 짝짝
2. 북한 요리: 오므리 동무 짝짝, 조므리 동무 짝짝
3. 이태리 요리: 오므르카 짝짝, 조므르카 짝짝
4. 일본 요리: 오므리노 짝짝, 조므리노 짝짝
5. 러시아 요리: 오믈스키 짝짝, 조물스키 짝짝
6. 독일 요리: 오므리히 짝짝, 조므리히 짝짝

Tip

숙달되면 속도전이나 노래에 맞추어 진행하면 재미있다.
껌 박수로 응용한다(마지막에 짝~짝 덧붙인다).

69) 엘리베이터 박수

대　상 : 초등학생 이상

대　형 : 자유형

인　원 : 제한 없음

준비물 : 없음

방　법

1. 박수를 한 차례씩 늘려 나간다(박수 한 번 시작 '짝', 두 번 '짝짝', 세 번 '짝짝짝')
2. 박수를 한 차례씩 줄여 나간다(박수 세 번 시작 '짝짝짝', 두 번 '짝짝', 한 번 '짝')
3. 박수를 늘렸다가 줄여 나간다(1, 2, 3, 3, 2, 1).
4. 구령 없이 올라갔다 내려갔다를 반복한다.
5. 박수의 횟수를 늘려 팀별 대항전을 벌인다(1, 2, 3, 4, 4, 3, 2, 1).

8. 노래율동

70) 고기잡이

대 상 : 학생, 성인

대 형 : 자유

인 원 : 제한 없음

준비물 : audio(오디오)

방 법

1. 고기잡이(노래)

고기를 잡으러 바다로 갈까나

고기를 잡으러 강으로 갈까나

이 병에 가득히 넣어가지고요

라라라라 라라라라 온다야

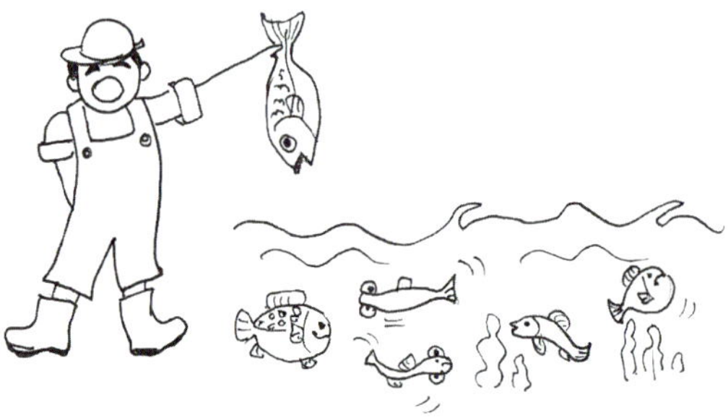

2. 고기잡이(율동)

(고기를) 양손 주먹 쥐고 몸과 함께 오른쪽, (잡으러) 왼쪽으로 율동

(바다로 갈까나) 양손 펴고 위에서 아래로 반원 그리며 내려온다.

(고기를) 양손 주먹 쥐고 몸과 함께 오른쪽, (잡으러) 왼쪽으로 율동

(강으로 갈까나) 양손 펴고 위에서 아래로 반원 그리며 내려온다.

(이 병에 가득히) 커다랗게 네모 모양 그리고

(넣어가지고요) 오른손 위, 왼손 위, 오른손 위, 왼손 위 올리며 박수친다.

(라라라라) 흥겹게 들썩들썩 (온) 박수 (다) 박수 야 (양손 하늘로 쭉 펼친다)

71) 그대로 멈춰라

대　상 : 학생, 성인

대　형 : 자유

인　원 : 제한 없음

준비물 : audio(오디오)

방　법

1. 그대로 멈춰라(노래)

즐겁게 춤을 추다가 그대로 멈춰라
즐겁게 춤을 추다가 그대로 멈춰라
눈도 감지 말고 웃지도 말고 울지도 말고 움직이지마
즐겁게 춤을 추다가 그대로 멈춰라
즐겁게 춤을 추다가 그대로 멈춰라

즐겁게 춤을 추다가 그대로 멈춰라
즐겁게 춤을 추다가 그대로 멈춰라
눈도 감지 말고 웃지도 말고 울지도 말고 움직이지마
즐겁게 춤을 추다가 그대로 멈춰라
즐겁게 춤을 추다가 그대로 멈춰라

2. 그대로 멈춰라(율동)

(즐겁게 춤을 추다가) 흥겹고 자유롭게 춤을 춘다.
(그대로 멈춰라) 재미있는 동작을 만든 후 멈춘다.
(눈도 감지 말고) 양손 주먹 살짝 쥐었다 폈다.
(웃지도 말고) 양손 펴서 뿌리며 펼친다.
(울지도 말고) 양손 눈 주변에서 우는 흉내낸다.
(움직이지마) 재미있는 동작 만들며 멈춘다

72) 곰세마리

대 상 : 학생, 성인

대 형 : 자유

인 원 : 제한 없음

준비물 : audio(오디오)

방 법

1. 곰 세 마리(노래)

곰 세 마리가 한집에 있어

아빠곰 엄마곰 애기곰

아빠곰은 뚱뚱해

엄마곰은 날씬해

애기곰은 너무 귀여워

히쭉히쭉 잘한다.

2. 곰 세 마리(율동)

(곰 세 마리가) 오른손 세 개 펴고, 왼손 세 개 펴고

(한집에 있어) 오른손 먼저 왼손 나중 집모양 만든다.

(아빠곰) 양손 엄지손가락 펴고, (엄마곰) 양손 검지손가락 펴고,

(애기곰) 양손 새끼손가락 편다.

(아빠곰은 뚱뚱해)

오른손 엄지손가락 펴고, 왼손 엄지 펴고, 양손을 뚱뚱한 모양으로 벌린다.

(엄마곰은 날씬해)

오른손 검지손가락 펴고, 왼손 검지 펴고, 양손으로 날씬한 모양 만든다.

(애기곰은 너무 귀여워)

오른손 새끼손가락 펴고, 왼손 새끼 펴고, 양손으로 귀여운 흉내를 낸다.

(히쭉히죽) 어깨 들썩 들썩 (잘한다) 박수 세 번 친다.

73) 나처럼 해봐요

대 상 : 학생, 성인

대 형 : 자유

인 원 : 제한 없음

준비물 : audio(오디오)

방 법

1. 나처럼 해봐요(노래)

나처럼 해봐요 이렇게

나처럼 해봐요 이렇게

나처럼 해봐요 이렇게

아이 참 재미있네

나처럼 해봐요 요렇게

나처럼 해봐요 요렇게

나처럼 해봐요 요렇게

아이 참 재미있네

2. 나처럼 해봐요(율동)

술래(사회자)의 동작을 따라한다.

술래(사회자)의 동작을 따라한다.

술래(사회자)의 동작을 따라한다.

손뼉 4번치고, 4박자 동안 손을 허리(신체부위)에 갖다 댄다.

74) 박첨지는 밭 있어

대 상 : 초등학생 이상

대 형 : 자유형

인 원 : 제한 없음

준비물 : 음악

방 법

1. 노래

박첨지는 밭 있어 그래 그래서

그 밭에 오리 있거든 그래 그래서

예서 꽥꽥꽥 제서 꽥꽥꽥

예서 꽥 제서 꽥 예서제서 꽥꽥

박첨지는 밭있어 그래 그래서

2. 율동

- 박첨지는 밭 있어 그래 그래서: 손뼉 치며 노래
  그 밭에 오리 있거든: 두 손을 입 앞에서 오리 주둥이 모양을 만든다.
  예서 꽥꽥꽥 제서 꽥꽥꽥: 손뼉 치며 노래
  박첨지는 밭 있어 그래 그래서: 손뼉 치며 노래
- 오리 대신 돼지, 강아지, 고양이 등 다른 동물로 응용해 본다.
- 팀장을 뽑아 대항전을 벌여도 재미있다.

75) 나는 기쁘다

대 상 : 중학생 이상

대 형 : 자유형

인 원 : 제한 없음

준비물 : 없음

방 법

나~는 기쁘다 나는~ 기쁘다 나는(높게)~기쁘다 항상 기쁘다

와 창 –콰일러 와 창 – 콰일러 와 창–콰일러 창창 콰일러

I'm so hap–py I'm so–hap–py I'm so–hap–py hap–py all th way

Tip

- 한국어, 일어, 중국어, 영어의 순으로 박수를 치며 노래 부른다.
- 팀을 나누어 돌림노래로 진행해 본다.
- 4개 팀으로 나누어 다른 동작이나 박수를 지정해준 후 돌림노래로 진행해본다.

76) 옛날에 한 옛날에

대 상 : 성인

대 형 : 파트너와 마주 앉는다.

인 원 : 10명 이상

준비물 : 없음

방 법

옛날에 한 옛날에 얼간이 살았는데 동네 아가씨를 짝사랑 했더래요.

어느 날 그 아가씨 우물가에 앉았는데 얼간이 다가와서 손목을 잡았더래요.

어머 어머 이러지 마세요. 우리 엄마 아시면은 큰일이나요

77) 사랑해

대　상 : 성인

대　형 : 파트너와 마주 앉는다.

인　원 : 자유형

준비물 : 없음

방　법

1. 노래

사랑해 당신을 정말로 사-랑해 당신이 내-곁을 떠나간 뒤-에 얼마나 눈물-을 흘렸는지 모른 다오.

예-예-예-예-예-예-예-예-예-예-예-예-예-예-예-예-예-예-예-예

사랑해 당신~을 정말로 사랑해 -

2. 율동

- 사랑해 당신을: 양손 검지로 하트 모양을 그린 후 오른손으로 상대방을 가리킨다.
- 정말로 사랑해: 양팔을 몸부림치는 동작을 한 후 하트 모양을 그린다.
- 당신이 내곁을: 오른손으로 상대방을 가리킨 후 양손으로 어깨를 감싼다.
- 떠나간 뒤에: 양손 교대로 바이바이 동작을 한다.
- 얼마나 눈물을: 양손으로 머리 쥐어뜯기, 양손가락을 흔들며 눈물 흘리는 동작을 한다.
- 흘렸는지 모른다오: 양손 교대로 눈물을 닦아 터는 동작을 한다.
- 예예예~: 양손으로 심벌즈 치는 동작을 한다.

78) 행복해요

대　상 : 성인

대　형 : 자유형

인　원 : 제한없음

준비물 : 음악

방　법

숨 쉴 수 있어서 바라볼 수 있어서
만질 수가 있어서 정말 행복해요
말할 수도 있어서 들을 수도 있어서
사랑할 수 있어서 정말 행복해요
이중에서 하나라도 내게 있다면
살아 있다는 사실 이죠 행복한 거죠
살아 있어 행복해 살아 있어 행복해
네가 있어 행복해 정말 행복해요

숨 쉴 수 있어서 바라볼 수 있어서
만질 수가 있어서 정말 행복해요
말할 수도 있어서 들을 수도 있어서
사랑할 수 있어서 정말 행복해요
죽은이의 그토록 바라던 소원은
숨쉬는 오늘이 바라던 내일 이죠
살아 있어 행복해 살아 있어 행복해
네가 있어 행복해 정말 행복해요

살아 있어 행복해 살아 있어 행복해

네가 있어 행복해 정말 행복해요

살아 있어 행복해 살아 있어 행복해

네가 있어 행복해 정말 행복해요

정말 행복해요

9. 퀴즈 & 유머

79) 공통점을 찾아라!

1. 거울, 신기록, 접시, 계란, 얼음판의 공통점은? 깨진다.
2. 사진, 포크, 도끼, 투표, 인쇄소, 투표의 공통점은? 찍는다.
3. 심술, 종, 투정, 주책, 고집, 욕심의 공통점은? 부린다.
4. 일본, 필리핀, 싱가포르, 뉴질랜드, 대만, 호주의 공통점은? 섬나라

80) 동전화폐 퀴즈

1. 십 원 동전에 나와 있는 것은? 다보탑
2. 오십 원 동전에 나와 있는 것은? 벼
3. 백 원 동전에 나와 있는 인물은? 이순신
4. 천 원 지폐에 나오는 동물은? 사슴
5. 만 원 지폐에 나오는 배경은? 경회루
6. 만 원 지폐에 나오는 과학 도구는? 물시계
7. 오만원 지폐에 나오는 인물은? 신사임당

81) 우스꽝스럽고 기발한 퀴즈

1. 사람이 일생동안 가장 많이 내는 소리는? 숨소리
2. 눈이 녹으면 뭐가 될까? 눈물
3. 소녀시대가 좋아하는 아이스크림은? 소원을 말해봐
4. 원앙부부란? 원앙과 앙심이 많은 부부
5. 바보란? 바라볼수록 보고 싶은 사람
6. 천재지변이란? 천 번을 봐도 재수가 좋고 지금 봐도 변함없는 사람
7. 마돈나란? 마지막으로 돈 내고 나오는 사람
8. 영물이란? 영원한 물주
9. 오물이란? 오늘의 물주
10. 산토끼의 반대말은? 끼토산, 집토끼, 죽은 토끼, 바다 토끼, 판 토끼, 알카리 토끼
11. 영세민이란? 영리하고 세련된 민주시민
12. 사람의 몸무게가 가장 많이 나갈 때? 철들 때
13. 계절에 관계없이 사시사철 피는 꽃은? 웃음꽃
14. 아편전쟁이란? 아내와 남편의 부부싸움
15. 세상에서 가장 단단한 감은? 자신감
16. 금실 좋은 부부가 잘 섬기는 신은? 여보당신
17. 내 앞에 있는 당신의 혈액형은? 미인형, 미남형
18. 사과가 웃으면? 풋사과
19. 우리나라 최초의 다이빙 선수는? 심청이
20. 아몬드가 죽으면? 다이아몬드
21. 세상에서 가장 이쁘고 아름다운 새는? 날새(자신)
22. 세상에서 가장 멋있는 쥐는? 나쥐(자신)
23. 웃음으로 고칠 수 있는 병은? 우울증

24. 웃을 때 배꼽 잡는 이유는? 배꼽 빠질 까 봐

25. 가슴에 총 맞은 참새가 부른 노래는? 가슴이 찡 하네요 정말로

26. 눈에 총 맞은 참새가 부른 노래는? 눈물이 핑 도네요 정말로

27. 가슴이 아픈 돈은? 어머니

28. 며느리가 싫어하는 돈은? 시어머니

82) 음식퀴즈

1. 세상에서 가장 긴 음식은? 참기름
2. 파 중에서 가장 인기있는 파는? 파스타
3. 세상에서 가장 뜨거운 과일은? 천도 복숭아
4. 맥주가 죽기 전에 남긴 말은? 유언비어
5. 오리를 생으로 먹으면? 회오리
6. 싸움을 잘 하는 오리는? 을지문덕(duck)
7. 딸기가 힘이 세면? 스트롱베리
8. 딸기가 직장을 잃으면? 딸기시럽(실업)
9. 깨가 죽으면? 주근깨
10. 추장보다 높은 사람은? 고추장
11. 고추장보다 높은 사람은? 초고추장
12. 초고추장보다 높은 사람은? 태양초고추장
13. 오이가 무를 때렸다. 다음날 신문에 무슨 기사가 났을까?
    오이무침
14. 김밥이 사는 곳은? 김밥나라
15. 김밥이 죽으면 가는 곳은? 김밥천국
16. 김밥이랑 참새가 싸웠는데, 김밥이 경찰서에 끌려갔다. 왜?
    참기름이 고소해서
17. 삶은? 계란
18. 내 키보다 높이 손을 올리면? 키위
19. 구겨 지려면 구기자를 먹는다. 피려면 무얼 먹어야 할까? 피자
20. 누룽지를 영어로 무엇이라 부르는가? 바비브라운
21. 자동차 문을 세게 닫으면 안 되는 이유는? 카놀라유~~
22. 직장인의 stress 완화에 좋은 차는? 반차, 월차, 연차

83) 있다 없다

1. 갓은 있고, 도포는 없습니다.
2. 물은 있고, 불은 없습니다.
3. 백은 있고, 흑은 없습니다.
4. 총각은 있고, 처녀는 없습니다.

정답 김치

1. 수영장에는 있지만 바다에는 없습니다.
2. 북두칠성에는 있지만 북극성에는 없습니다.
3. 체육에는 있지만 보건에는 없습니다.
4. 사전에는 있지만 옥편에는 없습니다.
5. 일본인에게는 있지만 한국인에게는 없습니다.
6. 정주영에겐 있지만 정몽준에게는 없습니다.
7. 국사에는 있지만 국어에는 없습니다.
8. 모의고사에는 있지만 수능에는 없습니다.
9. 이번 주에는 있지만 다음 주에는 없습니다.
10. 삼성에는 있지만 LG에는 없습니다.
11. 아이들에겐 있지만 성인에게는 없습니다.
12. 일기에는 있지만 달력에는 없습니다.
13. 평일에는 있지만 주말에는 없습니다.
14. 팔에는 있지만 다리에는 없습니다.
15. 사이다에는 있지만 콜라에는 없습니다.

정답 숫자 0,1,2,3,4,5,6,7,8,9

1. 삼성에는 있지만 현대에는 없습니다.
2. 군자에는 있지만 소인에게는 없습니다.
3. 오리에게는 있지만 백조에게는 없습니다.
4. 대화에는 있지만 토론에는 없습니다.
5. 온수에는 있지만 냉수에는 없습니다.
6. 신사에게는 있지만 숙녀에게는 없습니다.
7. 중동에는 있지만 남미에는 없습니다.
8. 강변에는 있지만 해변에는 없습니다.
9. 상록수에는 있지만 침엽수에는 없습니다.
10. 방학에는 있지만 개학에는 없습니다.
11. 목동에게는 있지만 양치기에는 없습니다.
12. 보라매에게는 있지만 독수리에게는 없습니다.
13. 수색에는 있지만 검색에는 없습니다.

정답 지하철역

1. 서울에는 있는데 대구에는 없습니다.
2. 하늘에는 있는데 바다에는 없습니다.
3. 삼성에는 있는데 대우에는 없습니다.
4. 울릉도에는 있는데 제주도에는 없습니다.
5. 연세대에는 있는데 고려대에는 없습니다.
6. 찜질방에는 있는데 사우나에는 없습니다.
7. 비행기에는 있는데 기차에는 없습니다.
8. 유럽에는 있는데 아프리카에는 없습니다.
9. 독도에는 있는데 마라도에는 절대로 없습니다.
10. 축구에는 나오는데 야구에서는 볼 수 없습니다.
11. 월드컵에서는 볼 수 있는데 메이저리그에서는 볼 수 없습니다.
12. 남자에게는 있지만 여자에게는 없습니다.
13. 엄마는 가졌지만 아빠는 없습니다.
14. 콜라에는 있는데 사이다에는 없습니다.
15. 수돗물에는 있는데 지하수에는 없습니다.
16. 양주에는 있는데 소주에는 없습니다.
17. 떡볶이에는 있는데 피자에는 없습니다.
18. 상의에는 필요하지만 하의에는 별 필요 없습니다.
19. 탈렌트들에게는 있지만 가수들에게는 이게 없습니다.
20. 동전에는 있는데 지폐에는 없습니다.

정답 한글 받침

84) 공통점을 찾아라! (2)

1. 무당, 집게, 장구, 배추, 바퀴, 개똥, 딱정 – 벌레
2. 아기호랑이, 오리너구리, 아기늑대 – 올림픽 마스코트
3. (단위) 암페어, 볼트, 마하, 줄, 시버트, 뉴튼, 헤르츠 – 사람이름
4. 중부내륙, 중앙, 남해, 영동, 경부, 서해안, 호남, 대전 – 고속도로
5. 캐네디, 레오나르도 다빈치, 샤를 드골, 인디라 간디, 장제스 – 공항이름
6. 사랑채, 녹지원, 효자동, 상춘재, 무궁화동산, 춘추관 – 청와대

85) 넌센스 퀴즈(1)

1. 고기잡이배가 가장 싫어하는 가수는? 배철수
2. 개똥도 약에 쓰려면? 보건복지부의 허가를 받아야 한다.
3. 운전수가 가장 싫어하는 춤은? 우선멈춤
4. 가장 황홀한 춤은? 입맞춤
5. 왼쪽에 서면 좌익, 오른쪽에 서면 우익, 앞에 서면 선동세력, 뒤에 서면 배후세력, 그러면 중간에 서면 무슨 세력인가? 핵심세력
6. 사람 몸에 붙어있는 곤충은? 사마귀
7. 소금으로 부자가 되려면? 소와 금으로 나누어 판다.
8. 육지에 사는 고래는? 술고래
9. 진짜로 겉늙은 사람은? 경로석에 앉은 사람
10. 우리나라 도둑의 시조는? 바늘도둑
11. 계시냐고 두드려 놓고 안계시기를 바라는 곳은? 화장실
12. 에너지가 없어도 가는 것은? 세월
13. 이 콩깍지가 깐 콩깍지냐 안 깐 콩깍지냐를 5글자로 한다면? 깐 겨 안 깐 겨
14. 시간이 지날수록 커지는 것은? 소문
15. 사과는 언제 따먹어야 맛있을까? 주인이 안 볼 때
16. 거지가 싫어하는 색은? 인색
17. '인생은 짧고 예술은 길다'를 네 글자로 줄이면? 인생 예~~술
18. 학생들이 가장 좋아하는 동네는? 방학동
19. '개가 사람을 가르친다'를 네 글자로 줄이면? 개인지도
20. 일 더하기 일은 중노동, 이 더하기 이는 덧니, 이 빼기 이는 틀니다. 그러면 삼 더하기 삼은? 6(육)

21. 사람이 가장 좋아하는 영화는? 부귀영화
22. 우리나라에서 제일 시끄러운 도시는? 부산
23. 사과 7개 중 3개를 먹으면 몇 개가 남는가? 3개(먹는 게 남는 것이다)
24. 양파껍질을 계속 벗기면 무엇이 나올까? 눈물
25. 두발 달린 소는? 이발소. 그러면 가장 예쁜 소는? 미소
26. 분명히 내 것인데 남이 더 많이 쓰는 것은? 이름
27. 잠을 가장 빨리 자는 가수는? 이미자
28. 이청용과 기성용을 이어주는 선수는? 이을용
29. 달리기를 하는데 2등을 제쳤다. 나는 몇 등일까? 2등

86) 넌센스 퀴즈(2)

1. 사랑의 무게는 얼마일까 – 4근이다(두근두근)
2. 인공위성이 지구를 빙빙 돌고 있다. 이유는 – 정거장이 없어서
3. 고양이 가면을 쓰고 놀 때는 '야옹' 하고 강아지 가면을 쓸 때는 '멍멍'한다 그러면 오징어 가면을 쓸 때는 무슨 소리를 낼까요 – 함 사세요
4. 뒤에서 소리가 나면 뒤 돌아보는 이유는 – 뒤에는 눈이 없으니까
5. 머리를 감을 때 제일 먼저 감는 곳은 – 눈부터 감는다
6. 황새가 한 다리로만 서 있는 이유는 – 두 다리를 다 들면 넘어지니까
7. 네팔이란 – 내 두 손 뒤에 하나님의 두 손이 있다는 뜻
8. 일 잘하고 개미처럼 부지런한 쇠는 – 마당쇠
9. 아내의 단점과 잘못을 절대 말하지 않는 쇠는 – 자물쇠
10. 아내의 마음을 활짝 열어주는 쇠는 – 만능열쇠
11. 아내와 대화할 때 부드럽고 달콤한 쇠는 – 고로쇠
12. 가장 사이가 나쁜 쥐는 – 콩쥐 팥쥐
13. 구구단을 외울 때 나타나는 동물은? – 비둘기
14. 걱정근심이 많은 사람이 즐겨 먹는 고기는 – 안심
15. 하늘아래 가장 편안 도시는 – 천안
16. 보석이 많이 생산되는 도시는 – 진주
17. 대포를 전문적으로 만드는 항구도시는 – 포항
18. 매운탕을 좋아하는 도시는 – 대구
19. 애주가가 사는 도시는 – 양주
20. 달리기에 인생을 건 도시는 – 경주
21. 타이타닉 구명보트에 몇 명이 탔나요 – 9명
22. 별 중에서 가장 슬픈 별은 – 이별

23. 라면은 라면인데 달콤한 라면 - 그대와 함께라면
24. 진짜 문제 투성이인 - 시험지
25. 사람이 일생동안 가장 많이 내는 소리는 - 숨소리
26. 보 내기 싫으면 - 가위나 바위
27. 눈이 녹으면 뭐가 될까 - 눈물
28. 누구나 즐겁게 웃으며 읽는 글 - 싱글벙글
29. 물은 물인데 사람들이 좋아하는 물은 - 선물

87) 넌센스 퀴즈(3)

1. 이 세상에서 가장 빠른 떡은? 헐레벌떡
2. 이 세상에서 가장 큰 떡은? 남의 떡
3. 유리창 100개 중 2개가 깨졌다. 남아 있는 유리를 무엇이라 부를까? 윈도우 98
4. 누워도 하늘이 보이지 않는 천장은? 입천장
5. 세상에서 가장 뜨거운 바다는? 열바다
6. 세상에서 가장 차가운 바다는? 썰렁해
7. 세상에서 가장 행복한 바다는? 사랑해
8. 날아오는 창에 찔리려고 할 때, 무엇이라 말할까? 창피해
9. 형을 너무 좋아하는 동생을 무엇이라 할까? 형광펜
10. 세종대왕이 만드신 우유는? 아야어여오요우유~
11. 호주에서 쓰는 돈은? 호주머니
12. 개미네 집 주소는? 허리도 가늘군 만지면 부러지리
13. 반쯤은 앉고 반쯤은 서서 추는 춤은? 엉거주춤
14. 손자가 산불을 보고 할아버지께 하는 말은? 산타할아버지
15. 어르신들이 좋아하는 폭포는? 나이아가라 폭포
16. 서울시민이 동시에 모두 외치면 무슨 말이 될까? 천만의 말씀
17. 붉은 길에 동전이 떨어져 있다 이 이름은? 홍길동전
18. 신경통으로 아픈 사람이 싫어하는 악기는? 비올라
19. 소가 전기 때문에 죽으면? 우사인볼트
20. 아무리 맛있게 담궈도 먹을 수 없는 간장은? 애간장
21. 김이 가장 많이 나오는 곳은? 목욕탕
22. 진돗개 11마리와 풍산개 11마리가 축구를 하면 어떻게 될까? 개판

23. 지금 인도네시아 몇 시일까? 네시(인도네시아)

24. 설날 세배 돈 한 푼도 못 받은 사람을 무엇이라 할까? 설거지

88) 유머(1)

1. '누구를 위하여 종은 울리나'를 경상도 사투리로 - 종아 니 와 우노

'통행에 불편을 드려서 죄송합니다'를

- 전라도 사투리로 - 댕기기 옹색혀서 어쩌야 쓰것 쓰라우~
- 경상도 사투리로 - 나 댕기는데 휘떡 뒤비나가 죄송합니데이

'너희들 그렇게 버릇없이 굴어서야 되겠냐'를 전라도 사투리로

- 느그들 그러코롬 싸가지가 없어 어따 쓰겄냐,

89) 유머(2)

아들이 매일 학교도 빼먹고 놀러 다니자, 보다 못한 아버지가 아들을 불러놓고 말했다.

아버지: 아브라함 링컨이 네 나이였을 때 뭘 했는지 아니? 아빠는 집에서 쉴 틈 없이 공부 했단다!

그러자 이 말을 들은 아들의 말

아들: 아~ 그 사람 나도 알아요, 그 사람이 아버지 나이였을 땐 대통령이었잖아요.

10. 명언 & 격언

90) 명언 모음

1. 아는 것이 힘이다. (베이컨)
2. 인간은 생각하는 갈대다. (파스칼)
3. 신은 인간에게 행복이라는 선물을 주기 위해 고통이라는 포장지를 주었다. (헨리키신저)
4. 가족들이 서로 맺어져 하나가 되고 있다는 것이 정말 이 세상에서 유일한 행복이다. (퀴리부인)
5. 돈을 잃는 것은 적게 잃은 것입니다. 명예를 잃는 것은 크게 잃은 것입니다. 그런데 용기를 잃는 것은 전부를 잃는 것입니다. (윈스턴 처칠)
6. 남편의 사랑이 클수록 아내의 소망은 작아지고 아내의 사랑이 클수록 남편의 번뇌는 작아진다. (이계옥)
7. 가정이란 어떠한 형태의 것이든 인생의 커다란 목표이다. (J G 홀랜드)
8. 돈은 인간을 자유롭게 하지만 지나친 재산은 사람을 노예로 만든다. (니체)
9. 만족할 줄 아는 사람은 진정한 부자이고 탐욕스런 사람은 진실로 가난한 사람이다. (솔론)
10. 500명이 가난해져야 한 사람이 부유해진다. (애덤 스미스)
11. 미운 놈에게 빌려 주어도 되지만 친구에게 빌려주면 안 된다. (벤자민 프랭클린)

12. 부자가 되는 방법이 내일 할 일은 오늘하고 내일 먹을 것은 내일 먹어라. 나 자신에게 더욱 집중하라. (탈무드)
13. 약한 사람은 결정을 내리기 전에 의심하고 강한 사람은 결정 내린 후 의심한다. (카롤 크라우스)
14. 사막이 아름다운 것은 어딘가에 샘이 숨겨져 있기 때문이다. (생떽쥐베리)
15. 성공해서 만족하는 것은 아니다. 만족하고 있었기 때문에 성공한 것이다. (알랭)
16. 그대의 하루하루를 그대의 마지막 날이라고 생각하라. (로라 티우스)
17. 자신을 내보여라. 그러면 재능이 드러날 것이다. (발타사르 그라시안)
18. 겨울이 오면 봄은 멀지 않으리. (셸리)
19. 작은 기회로부터 위대한 업적이 시작된다. (데모스테네스)
20. 최고에 도달하려면 최저에서 시작하라. (P 시루스)
21. 내 비장의 무기는 아직 손안에 있다. 그것이 희망이다. (나폴레옹)
22. 한 번 실패와 영원한 실패를 혼동하지 말라. (F 스콧 핏제랄드)
23. 그대의 하루하루를 그대의 마지막 날이라고 생각하라. (호라티우스)
24. 고개 숙이지 마십시오. 세상을 똑바로 정면으로 바라보십시오. (헬렌켈러)
25. 어떤 댓가를 치르더라도 승리해야 하고 어떤 공포 속에서도 승리해야 하고 그 길이 아무리 멀고 험해도 승리해야 합니다. 승리 없이는 생존이 없기 때문입니다. (윈스턴 처칠)

26. 모국을 사랑하는 자는 인류를 미워할 수 없습니다.
(윈스턴 처칠)

27. 내 스스로 확신한다면 나는 남의 확신을 구하지 않는다.
(에드가 엘런 포)

28. 남들이 당신에 대해 어떻게 생각할지 너무 걱정하지 마십시오. 그들은 그렇게 당신에 대해 많이 생각하지 않습니다. (엘리노어 루즈벨트)

29. 고개를 들어라. 각도가 곧 태도이다. (프랭크 시나트라)

30. 생각하는 대로 살지 않으면 사는 대로 생각하게 된다.
(폴 발레리)

31. 작은 기회로부터 결국 위대한 업적이 시작된다. (데모스테네스)

32. 인생이란 학교에는 불행이란 훌륭한 스승이 있다. 그 스승 때문에 우리는 더욱 단련되는 것이다. (프리체)

91) 격언 모음

1. 약속은 갚지 않은 빚이다.
2. 가르치는 것은 두 번 배우는 것이다.
3. 분주한 벌은 슬퍼할 시간이 없다.
4. 모든 사람을 칭찬하는 사람은 아무도 칭찬하는 것이 아니다.
5. 우리에게 생명을 준 신은 동시에 우리에게 자유를 주었다.
6. 결혼 전에는 눈을 번쩍 뜨고 있고, 그 후에는 반을 감아라.
7. 충성스런 친구가 셋이다... 노처와 노견과 현금이다.
8. 어리석은 자는 자기가 똑똑하다고 생각하지만, 똑똑한 자는 자기가 어리석음을 안다. (세익스피어)
9. 결핍의 연속이 인생이며, 향락의 연속은 아니다. (사무엘 존슨)
10. 엄격한 뜻으로 말한다면 민주주의는 지금까지 없었고, 앞으로도 결코 존재하지 않을 것이다. (루소)
11. 웃음은 전염된다. 웃음은 감염된다. 이 둘은 당신의 건강에 좋다. (윌리엄 프라이, 스탠포드 의대교수)
12. 우리는 행복하기 때문에 웃는 게 아니고 웃기 때문에 행복하다. (윌리엄 제임스)
13. 우리가 정복해야 할 것은 산이 아니라 자기 자신이다. (힐러리)
14. 사람들을 가르치는 가장 좋은 길이자 유일한 길은 모범을 보여주는 것이다. (앨버트 슈바이처)
15. 인간관계는 당신 자신을 들여다보게 하는 거울이다. (크리슈나무르티)
16. 진정한 자유는 자극과 반응 사이에서 멈추고 그런 멈춤 가운데에서 선택할 수 있는 능력이다. (롤로메이)

17. 세상에서 최고로 아름다운 것은 보이거나 만질 수 있는 것이 아니다. 그것은 가슴으로 느껴야만 알 수 있는 것이다. (헬렌켈러)

18. 행복한 삶은 일상생활에서 자신의 대표 강점을 날마다 발휘하여 행복을 만들어 가는 것이다. (마틴 샐리그만)

19. 마틴 샐리그만의 행복 방법론
    - 매일 밤 그 날의 좋은 일 3가지 생각하기
    - 자신의 장점 5가지 이상 찾아 새롭게 적용하기 (부모님, 친구, 이웃, 자연)
    - 일상의 즐거운 일을 적극적으로 즐기기

20. 사람은 판단력이 없어 결혼하고, 인내심이 없어 이혼하며, 기억력이 없어 재혼한다. (아르킬 사르망)

21. 세상에서 가장 지혜로운 사람은 배우는 사람이고 세상에서 가장 행복한 사람은 감사하며 사는 사람이다. 감사하라 그러면 젊어진다. 감사하라. 그러면 발전이 있다. 감사하라. 그러면 기쁨이 있다. (탈무드)

22. 세상에서 가장 현명한 사람은 모든 사람에게 배우는 사람. 가장 훌륭한 사람은 남을 사랑하는 사람, 강한 사람은 자신의 감정을 절제하는 사람이다. (탈무드)

23. 당당한 노후를 위한 행동강령: 하자, 주자, 배우자. (박상철 서울대 의대교수)

24. 당당한 노후를 위한 3대 원칙: 하고 싶다. 할 수 있다. 함께하자. (박상철 서울대 의대교수)

25. 우리는 배움을 얻기 위해 이 세상에 왔다. 태어나는 순간

누구나 예외 없이 '삶'이라는 학교에 등록한 것이다. 수업이 하루 24시간으로 살아 있는 한 그 수업은 계속된다. 우리가 존재하는 이유는 살고, 사랑하고, 웃고, 배우기 위해서다. (엘리자베스 퀴블러로스. 인생수업)

26. 사람은 저마다 우주의 선물이고 자기만의 선물이다. 삶이란 우리를 한 사람 한 사람에게 주어진 행운이다. 이 순간의 행복을 놓치지 말라. 행복을 이루는 삶의 기술은 남과 비교하지 말라. 움켜잡기보다 쓰다듬어라. 오래된 것을 아름답게 여기고 가끔 기도하라. 남을 도우라. (법정스님)

27. "나는 누구인가?" 스스로 물으라. 자신 속의 얼굴이 드러나 보일 때까지 묻고 또 물으라. 건성으로 묻지 말고 목소리 속의 목소리로 귀 속의 귀에 대고 간절히 물으라. 해답은 그 물음 속에 있다. (법정스님. 산에는 꽃이 피네)

28. 삶을 사는 데는 단 두 가지 방법이 있다. 하나는 기적이 전혀 없다고 여기는 것이고 또 다른 하나는 모든 것이 기적이라고 여기는 방식이다. (알베르트 아인슈타인)

29. 행복의 세 가지 원칙 (칸트)
첫째, 어떤 일을 하는 것
둘째, 어떤 사람을 사랑하는 것
셋째, 어떤 일에 희망을 갖는 것

11. 고사성어

92) 괄목상대(刮目相對)

刮 비빌 괄, 目 눈 목, 相 서로 상, 對 대할 대

눈을 비비고 다시 보며 상대를 대한다. 다른 사람의 학식이나 업적이 크게 진보한 것을 말한다.

93) 내유외강(內柔外剛)

內 안 내, 柔 부드러울 유, 外 밖 외, 剛 굳셀 강

속으로는 부드러운데 겉으로는 강해 보인다. 겉으로는 굳세고 강해 보이지만 실제로 내면은 부드러운 사람을 일컫는다.

94) 다다익선(多多益善)

多 많을 다, 多 많을 다, 益 더할 익, 善 좋을 선

본래는 한신과 유방이 주인공으로, 사기 회음 후 열전에 나오는 말이다.

많으면 많을수록 좋다.

95) 군계일학(群鷄一鶴)

群 무리 군, 鷄 닭 계, 一 한 일, 鶴 학 학

무리지어 있는 닭 가운데 있는 한 마리의 학이라는 뜻이다.

여러 평범(平凡)한 사람들 가운데 있는 뛰어난 한 사람을 일컫는다.

96) 살신성인(殺身成仁)

殺 죽일 살, 身 몸 신, 成 이룰 성, 仁 어질 인

자기의 몸을 희생하여 옳은 도리를 행한다.

97) 권선징악(勸善懲惡)

勸 권할 권, 善 착할 선, 懲 징계할 징, 惡 악할 악

선함을 권하고 악함을 징계한다.

98) 마이동풍(馬耳東風)

馬 말 마, 耳 귀 이, 東 동녘 동, 風 바람 풍

남의 의견이나 비평을 조금도 귀담아 듣지 않는다.

99) 발본색원(拔本塞源)

拔 뽑을 발, 本 근본 본, 塞 막힐 색, 源 근원 원

근본(根本)을 빼내고 원천(源泉)을 막아 버린다는 뜻으로, 사물(事物)의 폐단(弊端)을 없애기 위(爲)해서 그 뿌리째 뽑아 버린다.

100) 사후약방문(死後藥方文)

死 죽을 사, 後 뒤 후, 藥 약 약, 方 모 방/본뜰 방. 文 글월 문

죽은 뒤에 약방문(藥方文)을 쓴다는 뜻으로, 이미 때가 지난 후(後)에 대책(對策)을 세우거나 후회(後悔)해도 소용(所用)없다는 말. 약방문(藥方文)은 약을 짓기 위(爲)해 약의 이름과 분량(分量)을 쓴 종이를 말함

101) 온고지신(溫故知新)

溫 익힐 온, 故 옛 고, 知 알 지, 新 새 신

옛 것을 익히고 새 것을 안다는 뜻으로 과거 전통과 역사가 바탕이 된 후에 새로운

지식이 습득되어야 제대로 된 앎이 될 수 있다.

102) 일망타진(一網打盡)

一 한 일, 網 그물 망, 打 칠 타, 盡 다할 진

그물을 한 번 쳐서 물고기를 모조리 잡는다는 뜻으로 한꺼번에 모두 잡는다.

103) 인간지사 새옹지마(人間萬事塞翁之馬)

人 사람 인, 間 사이 간, 萬 일만 만, 事 일 사,
塞 변방 새, 翁 늙은이 옹, 之 갈 지, 馬 말 마

인생(人生)에 있어서 화(禍)와 복(福)은 일정(一定)하지 않다는 뜻으로 행이 불행(不幸)이 되기도 하고, 화가 복이 되기도 한다.

104) 각주구검(刻舟求劍)

刻 새길 각, 舟 배 주, 求 구할 구, 劍 칼 검

낡은 관습이나 사고방식에 얽매여, 변화에 대응하지 못한다.

105) 계륵(鷄肋)

鷄 닭 계, 肋 갈비 륵

닭의 갈비뼈라는 뜻으로, 큰 쓸모나 이익은 없으나 버리기는 아까운 사물 또는 이러지도 저러지도 못하는 난처한 상황을 비유한다.

106) 노마지지(老馬之智)

老 늙을 노, 馬 말 마, 之 갈 지, 智 지혜 지

주위의 풍경이 변했기 때문에 길에서 헤맬 때, 여러 번 지나다닌 늙은 말 덕분에 길을 찾았다는 고사. 경험을 쌓아 정황을 잘 알아 적절하게 판단을 할 수 있다.

107) 모순(矛盾)

矛 창 모, 盾 방패 순

창은 공격용, 방패는 방어용의 병기이다. 모순은 언행이 조리에 맞지 않는 것을 의미한다.

108) 백문불여일견(百聞不如一見)

百 일백 백, 聞 들을 문, 不 아니 불, 如 같을 여, 一 한 일, 見 볼 견

백 번 듣는 것이 한 번 보는 것보다 못하다는 뜻으로, 직접 경험해야 확실히 알 수 있다.

109) 상전벽해(桑田碧海)

桑 뽕나무 상, 田 밭 전, 碧 푸를 벽, 海 바다 해

뽕나무 밭이 푸른 바다로 변한다는 뜻으로, 세상이 몰라볼 정도로 변함을 비유한 말.

110) 어부지리(漁父之利)

漁 고기 잡을 어, 父 지아비 부, 之 갈 지, 利 이로울 리(이)

어부의 이익. 둘 사이의 다툼 속에 제3자가 얻게 되는 예상치 못한 이익을 말한다.

111) 오십보백보(五十步百步)

五 다섯 오, 十 열 십, 步 걸음 보, 百 일백 백, 步 걸음 보

오십 보 도망간 것이나 백 보 도망간 것이나 같다. 즉, 정도의 차이는 있을지언정 본질적으로 같다.

112) 와신상담(臥薪嘗膽)

臥 엎드릴 와, 薪 섶나무 신, 嘗 맛볼 상, 膽 쓸개 담

가시 많은 거친 나무 위에서 자고 쓰디쓴 쓸개를 먹는다는 뜻으로, 어떤 목적을 달성하기 위해 온갖 고난을 참고 견디어 심신을 단련한다.

113) 유언비어(流言蜚語)

流 흐를 유(류), 言 말씀 언, 蜚 바퀴 비, 語 말씀 어

흘러가는 말, 해충 같은 말이라는 뜻으로, 아무 근거도 없는 뜬소문을 의미한다.

114) 조삼모사(朝三暮四)

朝 아침 조, 三 석 삼, 暮 저물 모, 四 넉 사

원숭이에게 아침에는 세 개, 저녁에는 네 개의 도토리를 준다는 뜻으로 잔 술수를 이용해 상대방을 현혹시킨다.

115) 화룡점정(畵龍點睛)

畵 그림 화, 龍 용 룡, 點 점 점, 睛 눈동자 정

용을 그리고 마지막으로 눈동자를 찍어 넣는다. 즉, 일의 마무리를 완벽하게 끝낸다.

116) 근묵자흑(近墨者黑)

近 가까울 근, 墨 먹 묵, 者 놈 자, 黑 검을 흑

검은 것을 가까이 하다 보면 자신도 물든다는 뜻이다.

117) 고진감래(苦盡甘來)

苦 쓸 고, 盡 다할 진, 甘 달 감, 來 올 래

쓴 것이 다하면 단 것이 온다는 뜻으로 고생 끝에 낙이 온다.

118) 인자견인 지자견지(仁者見仁 智者見智)

仁 어질 인, 者 놈 자, 見 볼 견, 仁 어질 인, 智 슬기 지

어진 사람은 어질다고 보고, 지혜로운 사람은 지혜롭게 본다.

119) 회과자신(悔過自新)

悔 뉘우칠 회, 過 지날 과, 自 스스로 자, 新 새 신

과거의 잘못을 뉘우치고 새 출발을 한다.

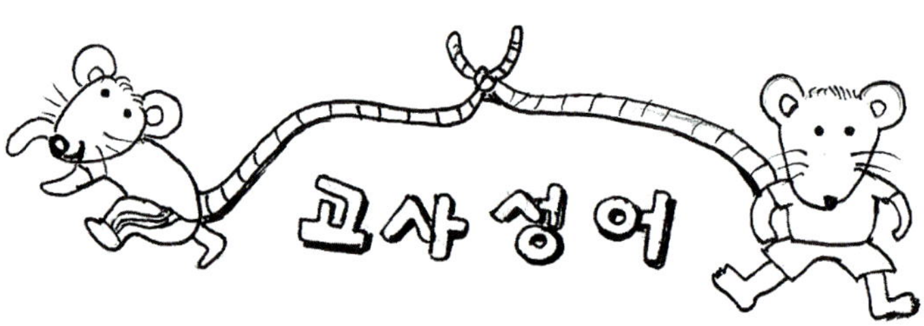

참고문헌

가위바위보(2004). 놀이로 하는 학급운영. 서울: 우리교육.

김상영(2009). 지식사냥 잡학사전. 서울: 이코노믹북스.

김춘경 · 박지현 · 손은희 · 송현정 · 안은민 · 유지영 · 이세나 · 전은주 · 조민규 · 한은수(2015). 청소년 집단상담 프로그램. 서울: 학지사.

배경숙(2001). 학급활동으로 이어가는 집단상담. 서울: 우리교육.

송종섭(2007). 하루를 활짝 열어주는 웃음 보따리. 서울: 선교횃불.

신규진(2008). 아이들의 성장을 돕는 학교 상담. 서울: 우리교육.

용혜원(2001). 성공을 만드는 웃음 보따리. 서울: 양피지.

우리교육(2008). 교실 속 갈등 상황 100문 100답. 서울: 우리교육.

이영민(2017). 스팟 101. 서울: 김영사.

이정화(2014). 폴리의 kicking 스토리. 경기: 공동체.

조민구 · 이재선 · 주정호(2017). 다이내믹 레크리에이션. 서울: 대경북스.

천성문(2016). 위기청소년을 위한 집단상담 프로그램. 서울: 학지사.

저자소개

김순자

경력

현) 사단법인 진로상담협회 이사장
건국대학교 교육대학원 겸임교수
전) 서울한영대학교 전임교수

학력

건국대학교 대학원 교육학박사(교육심리)

자격증

전문상담교사, 한국상담학회 수련감독, 직업상담사, 여가레크리에이션 1급

이정화

경력

현) 사단법인 진로상담협회 전문강사
경복대학교 의료복지학과 겸임교수

학력

대한신학대학교 대학원 철학박사(상담심리치료)

자격증

레크리에이션 1급, 노인여가지도자, 사회복지사, 진로상담사1급

김소희

경력

현) 사단법인 진로상담협회 전문강사
마인드케어심리상담센터 심리상담사

학력

건국대학교 교육대학원 상담심리교육 석사

자격증

전문상담사2급, 직업상담사2급, 진로상담사1급

김순례

경력

현) 사단법인 진로상담협회 이사
동대문구 건강가정지원센터 객원상담사
전) 남서울은혜교회 전도사

학력

백석상담대학원 기독상담학과 석사(상담심리)

자격증

가족상담사1급, 심리상담사2급, 전문상담사2급, 여가레크리에이션 1급

방명숙

경력

현) 사단법인 진로상담협회 이사
사단법인 4차산업혁명연구원 공동대표
전) 서울잠동초등학교 교장

학력

칼빈대학교 대학원 상담심리치료학 박사과정

자격증

진로상담사 수련감독, 한국교류분석상담연구원 수퍼바이저, 여가레크리에이션 1급

이영숙

경력

현) 사단법인 진로상담협회 이사
전) 국립특수교육원 교육연구관
국립특수학교 교장

학력

건국대학교 대학원 교육학박사

자격증

특수교사, 진로상담사 수련감독, 장애인인식개선 강사

이상진

경력

현) 하남고등학교 진로진학상담교사
　　사단법인 진로상담협회 진로전문강사
전) 가톨릭신문사 기자

학력

대진대학교 교육대학원 상담심리 석사

자격증

전문상담교사 1급, 중등학교 정교사(영어) 1급, 여가레크리에이션 1급

한면화

경력

현) 마음챙김심리상담센터 센터장
　　사단법인 진로상담협회 이사
전) 한국플라워 디자인협회 꽃꽂이 사범

학력

칼빈대학교 대학원 상담심리치료학 박사과정

자격증

가족상담사1급, 심리상담사2급, 진로상담사 수련감독, 정신건강증진상담사2급

119 치유 레크리에이션

초판 1쇄 인쇄 / 2019년 10월 25일
초판 1쇄 발행 / 2019년 10월 30일

•

공저자 / 김순자 · 이정화 · 김소희 ·
김순례 · 방명숙 · 이영숙 ·
이상진 · 한면화
삽 화 / 이 명 숙
발행인 / 이 중 수
발행처 / **동 문 사**

•

서울특별시 서대문구 홍제원 1길 12
(홍제동 137-8)
Tel : 02)736-3718(대), 736-3710, 3720
Fax : 02)736-3719
등록번호 : 1974.4.27.제9-17호
가격 : 13,000원

•

ISBN : 979-11-6328-091-0 (93690)
E-mail : dong736@naver.com
www.dongmunsa.com